U0502761

做自己的靠山

用接纳承诺疗法成为更强大的自己

路易丝·L. 海斯（Louise L. Hayes）

[澳] 约瑟夫·V. 西阿若奇（Joseph V. Ciarrochi）

安·贝利（Ann Bailey）———— 著

赵 倩 ———— 译

祝卓宏 ———— 审校

中国科学技术出版社

·北 京·

WHAT MAKES YOU STRONGER: HOW TO THRIVE IN THE FACE OF CHANGE
AND UNCERTAINTY USING ACCEPTANCE AND COMMITMENT THERAPY by
LOUISE L. HAYES, PHD, JOSEPH V. CIARROCHI, PHD, ANN BAILEY, MPSYCH.
Copyright: © 2022 BY LOUISE L. HAYES, JOSEPH V. CIARROCHI, AND ANN BAILEY
This edition arranged with NEW HARBINGER PUBLICATIONS
through BIG APPLE AGENCY, LABUAN, MALAYSIA.
Simplified Chinese edition copyright:
2024 China Science and Technology Press Co., Ltd.
All rights reserved.

北京市版权局著作权合同登记 图字：01-2024-0228。

图书在版编目（CIP）数据

做自己的靠山：用接纳承诺疗法成为更强大的自己 /
(澳) 路易丝·L. 海斯 (Louise L. Hayes), (澳) 约瑟
夫·V. 西阿若奇 (Joseph V. Ciarrochi), (澳) 安·贝
利 (Ann Bailey) 著；赵倩译 . -- 北京：中国科学技
术出版社 , 2024. 9. -- ISBN 978-7-5236-0809-8

Ⅰ . B84
中国国家版本馆 CIP 数据核字第 20244DY174 号

策划编辑	赵　嵘　伏　玥	执行策划	伏　玥
责任编辑	刘　畅	版式设计	蚂蚁设计
封面设计	仙境设计	责任印制	李晓霖
责任校对	张晓莉		

出　　版	中国科学技术出版社
发　　行	中国科学技术出版社有限公司
地　　址	北京市海淀区中关村南大街 16 号
邮　　编	100081
发行电话	010-62173865
传　　真	010-62173081
网　　址	http://www.cspbooks.com.cn

开　　本	880mm×1230mm　1/32
字　　数	153 千字
印　　张	7.625
版　　次	2024 年 9 月第 1 版
印　　次	2024 年 9 月第 1 次印刷
印　　刷	大厂回族自治县彩虹印刷有限公司
书　　号	ISBN 978-7-5236-0809-8 / B·181
定　　价	59.80 元

（凡购买本社图书，如有缺页、倒页、脱页者，本社销售中心负责调换）

赞誉

本书不仅是一本提供临时解决办法的励志书，也是一本实用的操作手册，能帮助读者通过意识和基于价值的行动，打造更加充实的生活。本书以扎实的行为科学为基础，蕴含深刻的智慧，将帮助读者探索内在和外在的幸福之源。

—— 理查德·M. 瑞恩（Richard M.Ryan）博士，临床心理学家，澳大利亚天主教大学积极心理学与教育研究所教授，自决理论的创始人之一

本书内容实用、有趣、全面，为你提供了必要的工具，来应对生活抛给你的种种麻烦与问题。强烈推荐你阅读本书，并深入研究书中的精华。

—— 乔·奥利弗（Joe Oliver）博士，咨询公司 Contextual Consulting 创始人，伦敦大学学院副教授，参与著述《正念与接纳练习手册》（*The Mindfulness and Acceptance Workbook for Self-Esteem*）

本书的确能够为你带来力量。它提供的策略充满智慧、便于操作，能够帮助你带着力量与目标去生活。它会带领你走过一段富有同情心的旅程，鼓励你去实现远大的梦想——走出舒适区，建立耐力、活力和有意义之间的联结。本书会告诉你，你足够强

大，能够承受恐惧和不确定性，并同时创造自己想要的生活。

—— 里克·克杰尔加德（Rikke Kjelgaard），心理学家，
作家，演讲家，接纳承诺疗法专家，充满激情的变
革者

本书通过实用、易懂的方式，提供了一组简单的方法，你可
以通过实施它们来追求理想的生活，但也许你会觉得自己不够强
大，或不配去追求理想的生活。正如本书所言，要经受住生活中
不可预测的考验，你需要的所有工具都在身边，你也可以利用这
些工具与自己以及你所看重的人和事建立联系。强烈建议每个人
都能读一读本书！

—— 柯克·D.斯特罗萨尔（Kirk D.Strosahl）博士，接纳承
诺疗法的创始人之一，参与著述《拥抱你的抑郁情绪》
（*The Mindfulness and Acceptance Workbook for Depression*）

有时候，你是否觉得自己如行尸走肉般生活着，只是盲目
地回应外界对你的诸多要求？有时候，你是否感到你与自己的价
值和目标脱节？本书将为你提供具体的技巧，帮助你成为更加强
大的自己，建立更加牢固的社会联系。路易丝·L.海斯、约瑟
夫·V.西阿若奇和安·贝利共同编写了这本简单易懂的手册，它
可以为你的生活提供指导。我郑重地将本书推荐给所有人。

—— 斯蒂芬·G.霍夫曼（Stefan G. Hofmann）博士，波
士顿大学心理学系教授，认知治疗学会委员会成员

翻开本书，我立刻爱上了它！路易丝·L.海斯、约瑟夫·V.西阿若奇和安·贝利大获成功！这是一本关于自救的书，它讲述了如何通过脆弱、意识、爱、友谊和灵活性来创造有意义的生活，这个有趣的过程始终与活力相伴。我相信，每一个读过本书的人都能获得成长，找到有意义的生活之路。

—— 罗宾·D.沃尔泽（Robyn D. Walser）博士，临床心理学家，著有《接纳承诺疗法之心》(*The Heart of ACT*)，参与著述《亲爱的，你会爱我吗？》(*The Mindful Couple*)，《学习接纳承诺疗法 II》(*Learning ACT II*)，《用接纳承诺疗法应对愤怒》(*The ACT Workbook for Anger*)和《用接纳承诺疗法应对精神伤害》(*ACT for Moral Injury*)

DNA-V 模型是一种简单易懂又方便记忆的方法，有助于我们思考那些对心理健康至关重要的核心变化过程。提高心理灵活性，你的生活将会发生改变。本书就像前进道路上的一盏指路明灯，将为你照亮这段旅程。

—— 史蒂文·C.海斯（Steven C. Hayes），接纳承诺疗法创始人，代表作《自在的心：摆脱精神内耗，专注当下要事》(*A Liberated Mind*)

本书适合所有迷茫、绝望或者觉得自己不够好的读者。它有助于培养和提高获得有意义的生活所需要的基本能力，放弃与思想和感受进行无用的斗争，化痛苦为动力，去追求生命中最深切的渴望，它也是临床心理学家的必读作品。此外，本书还拥有强大的科学基础。

    —— 乔瓦姆巴蒂斯塔·普雷斯蒂（Giovambattista Presti），
           医学博士，意大利恩纳科雷大学心理学教授，语境行
           为科学协会前任主席

CONTENTS / 目 录

引言 应对变化的全新方式：DNA-V 模型 001

1

第 1 部分
应对变化的基石：掌控你的四种能力

第 1 章 价值引导者：引导我们实现人生目标 019

第 2 章 建议者：提高效率 034

第 3 章 观察者：提升觉知 051

第 4 章 探索者：用行动进行拓展和构建 068

2

第 2 部分
成为更强大自己的方法：审视自我，建立内在力量

第 5 章 脆弱的自我 089

第 6 章 无限的自我 105

第 7 章 富有同情心的自我 118

第 8 章 成就卓越的自我 131

第 9 章 深刻的觉知 144

3

第 3 部分
找到爱与友谊的"入口"：在社交情境中提升力量

第 10 章 形成灵活的社交风格 165

第 11 章　让爱与友谊丰富你的生命　178

第 12 章　解决与人相处的难题　190

第 13 章　乐观面对世界的变化　205

参考文献　213

致谢　235

引 言　应对变化的全新方式：DNA-V 模型

一旦意识到变化与控制无法兼容，你便获得了自由。

　　生活充满变数，容易使人迷失方向。人们希望生活尽在预料之中，世间万物都能被预测，但事实并非如此。生活很艰难，你会面临几乎持续不断的不确定性和困难。即便如此，你依然可以学会为生活设定目标。在本书中，你将看到一种科学的生活方式，无论世界"抛出"什么，你都可以灵活应对。变化可以让你变得更强大。

　　我们将通过达瓦的故事来概述本书的内容。达瓦是一名刚毕业的年轻律师，正在为梦想的工作而奋斗。经过多年的学习和努力，她在一家知名律师事务所找到了一份工作。达瓦很快意识到，这份理想的工作并不是她想象的那样。老板仗势欺人，经常在会议上批评达瓦，联合别人欺压达瓦，给她分配毫无意义的任务，并隐瞒重要信息。达瓦的应对方法是坚持高效的工作和礼貌的态度，希望能够以此赢得老板的赏识。她加倍努力地工作，并设法使内心更加坚强。她经常批评自己：坚强起来，你这个软弱的家伙。老板从权力的施展中获得满足，达瓦的努力工作只会让事情变得更糟，她怀疑老板想让她崩溃。

这种压力似曾相识。她想起那个曾在学校霸凌自己，之后被开除的老师。有时，达瓦会冒出这样一种想法：也许错在自己，也许是自己有问题。

但她不能安于现状。实际上，她现在承担着两份工作——一份是领薪水的工作，另一份是她自我强加的工作，内容是控制自己的感受和思想。她拼命工作，最终筋疲力尽。控制自己的想法和感受让她产生了一种自己在解决问题的错觉，但一味的努力只会让她晕头转向。

控制变化意味着你要尝试阻止无法阻止的事情。对达瓦来说，就是抛弃一个糟糕的老板和失去一份理想的工作。她的策略以控制为基础：对内的策略，比如严格要求自己；对外的策略，比如列出无穷无尽的待办事项、按序整理文件，甚至穿幸运袜。但她所做的一切都无法控制老板的情绪，也无法终止痛苦的想法和感受。这些想法和感受都是正常的。遭到霸凌时，人们难免会不知所措。达瓦必须寻找其他方法。

本书提出了一个完全不同的思路：试图控制无法控制的事情，最终会导致失控。如果你试图控制自己和其他人的想法和感受，或者外部事件的发展，你就会失去控制。你将失去自己努力维护的生活，会陷入困境。因此，你需要一种不同的方式来应对变化。在本书中，你将看到如何用勇气和希望来面对变化，而不是抵抗变化。只有这样，变化才会让你更强大。

本书概要

本书首先将阐述如何建立内心的灵活性，以帮助你从困境中获得成长。灵活性与控制相反，你只有学会随风弯曲，才不会被轻易折断。然后，本书将提供一个基于有效性研究的简单实用的系统。我们将该系统命名为 DNA-V[1]。DNA-V 模型的基础源自接纳承诺疗法[2]、积极心理学[3]、基于过程的治疗[4]、基于正念的干预[5]、自决理论[6]、成人依恋理论[7]和进化科学[8]等基于实证的方法。最后，我们想强调，本书与其他励志书的区别在于：我们始终遵循科学与研究，也从古老的传统智慧中汲取营养，尤其是那些能与现代研究证据联系起来的古老智慧。本书附有大量参考资料，如果你感兴趣，可以在阅读的过程中查阅这些资料。

我们在第 1 部分解释了 DNA-V 模型的核心能力。在第 2 部分，我们将这些能力应用于拓展自我和加强自我。在第 3 部分，我们进一步将这些能力延伸，直至你的社交世界。想象一块石头落入水中，小的涟漪逐渐扩展成大的涟漪。同样，你也能逐渐从内在能力到外部世界扩展自己的生活。下面，我们将对三个部分逐一进行介绍。

第 1 部分：DNA-V 模型

DNA-V 模型有四种核心能力，我们将其隐喻为"探索者"、"观察者"、"建议者"和"价值引导者"。培养这四种能力可以使你变得更加强大，对变化的适应性更强，并有助于你在生活中建立目标。前 4 章分别详细阐述了一种能力。这些能力的运用或学习并没有所谓的正确顺序。以达瓦为例，她被自己的"建议者"所困住，因此我们从这里开始，按照最适合她的顺序来介绍 DNA-V 模型。

"建议者"帮助你掌控思想

"建议者"是一个有科学依据的概念。我们可以借此来解释思想如何运作，以及如何建立灵活的认知风格。灵活性意味着你要通过有益的方式进行思考，在陷入困境的时候，要么尝试新的思维策略，要么转向另一种 DNA-V 能力。例如，如果你思虑过度、思维反刍，或者满脑子都是些毫无帮助的想法，那么你可以尝试放下这些想法，去接纳当下（启用"观察者"），或采取行动寻找新的道路（启用"探索者"）。

当前流行的心理学理论可能会告诉你，积极的想法能够带来力量。在《唤醒心中的巨人》（*Awaken the Giant Within*）和《积极思考的力量》（*The Power of Positive Thinking*）等书中都有这样的观点。它们的核心理念就是创造积极的想法，相信自己足够强大，从而应对不确定性，这样你就能过上理想的生活。这种方法并未奏效。如果这个方法真的有效，那么人人都会效仿，然后过上幸福快乐的生活，市面上就不会出现上千本励志书，而是只需用一本书来教大家积极思考就够了。在本书中，我们将提出完全不同的理念。

> 强大并不等同于积极思考。强大是指能够利用自己的想法——无论是积极的想法还是消极的想法，来构建更加美好的生活。

达瓦一直在试图积极地思考，但这一方法并未奏效。她身处一个有害的工作场所，却告诉自己要坚强。这就如同被老鼠咬了一口，却还要想着今天天气多么晴朗。是时候尝试一些完全不同的做法了。当达瓦提升了"建议者"能力后，她就会知道，试图强迫自己保持积极态度的做法注定行不通。相反，她需要学习如何变通思维来解决问题，预测他人行为，自我激励，并从更广阔的视角看待问题。她的思想是一台超级计算机，而DNA-V模型将帮助她消除编程中的错误。

"观察者"帮助你建立内在智慧和外在平静

生活时时刻刻都离不开观察。观察的能力蕴藏在你的体内，它也包括通过五种感官和感受体验生活的能力。你的身体是一个灵敏的仪器，能够迅速探测到威胁和机会，它也同时承载着快乐和压力——比如，当你因一个拥抱而心花怒放，或在收到坏消息而垂头丧气时。

我们的文化倡导人们有积极乐观的想法，因此它或许只提倡积极的情绪，告诉人们要重视积极的一面，排解消极的一面。但我们会让你看到，试图控制消极情绪只会产生更多的负面情绪。你可能会因此陷入困境，试图用破坏性的方式来抑制自己的消极情绪，比如回避自己的感受，或养成不良的习惯。此外，你会看到，"观察者"能力可以帮助你获得对当下的感知，并实现目标。你将学会合理应对问题、管理情绪、照顾自己的身体。如果你能够正视脆弱，那么你的人生之路也将更加开阔。

> 变强大，并不是要控制恐惧，而是要为恐惧腾出空间，并明智地应对恐惧。

达瓦认为自己是一个失败者，原因是她感到害怕和不安。但当她开始合理地运用"观察者"能力时，她将学会正视自己的痛苦，并且明白，感到不安并不是一个缺点。通过观察，她会发现自己正处在一个有害的职场环境中，她需要采取行动，通过冷静的觉察获取力量。她会发现自己有足够的灵活性，可以在心怀恐惧的同时采取有效的行动。

"探索者"帮助你成为更好的自己

你的"探索者"会帮助你离开舒适区，尝试新鲜事物，从而使你内心强大并在社交世界中得到学习和成长。当旧的方法和习惯行不通时，你可以运用"探索者"的能力。然而，改变旧的行为模式很难。首先，变化带来了不确定性导致我们会回避它。例如，人们会维持一段令人不快的友谊，因为他们认为放弃这段友谊或者结交新的朋友十分困难。其次，变化会影响到我们的胜任感。人们选择从事无聊的工作，只是因为他们无法想象走上另一条职业道路会怎么样。再者，变化使我们感到受控于他人。我们会心生怨恨并进行反击。最后，我们拒绝变化是因为它需要我们付出努力。我们可能会继续做现在这份无聊的工作，因为找新工作很困难。我们抵制变化的最终方式是，假设自己的预测是正确的，以此来封闭思想，并且认为自己能力有限，不足以做出改变。然后我们放弃了希望。

站在外部的角度，我们可以看到达瓦是如何被困在她所习惯的"舒适的痛苦"中的。她鞭策自己努力学习，完成法学院的学业。"鞭策自己"曾是一个有效的方法，但现在却让事情变得更糟。她很难放弃这个曾经很有效的策略。当她调动"探索者"能力时，她将学会如何用新的视角和新的策略来看待自己的问题。

> 变强大，需要有勇气放弃旧事物，进而发现新的前进方向，这是通向更好自我的桥梁。

价值引导者帮助你实现人生目标

"探索者""观察者""建议者"都能帮助你实现人生价值，这就将我们带到了"价值引导者"这里，它包含两个部分：价值驱动的行动和活力。价值驱动的行动是指采取有意义的行动的能力；活力是指为每一天带来能量的能力。本书旨在帮助你明确人生目标，为你的生活注入更多能量。

承诺仪式包含价值驱动的目标和非同寻常的能量。你是否曾在见证一对情侣说出结婚誓言时激动落泪？那个喜悦的时刻体现了价值对你的重要性，也说明了价值还有一个相伴而生的特质——那就是脆弱。和你一样，这对情侣的喜悦不是永恒的，他们虽然将会为幸福而努力，但也会有悲伤的时刻。和你一样，这对情侣也会一次又一次地面临变化。他们将变老，在这一过程中，两人的关系也许会逐渐疏远，也许会愈发亲密。如果他们将生活建立在价值上，而不是一种理想化的关系上，那么他们的感情会日益深厚。如果他们隐藏或压抑自己的脆弱，那么两颗心可能会渐行渐远。

> 变强大需要你正视价值，接纳脆弱。

达瓦面临着一个艰难的选择。遵循价值做出选择，就是承认了她有渴望从自己与事业中获得成就感的心理需求。这会使她感到脆弱，但这不是因为她软弱，而是因为她关爱自己。达瓦的另一个选择是离开。这意味着霸凌者迫使她放弃了自己的生活。以价值为指导，她会知道自己该做哪种选择。她会变得强大，而价值将成为她的盾牌。

> 变强大，需要你灵活地在"探索者"、"观察者"和"建议者"之间转换，从而创造价值和活力。力量源自变化。

第 2 部分：增强自己的力量

第 5 章至第 9 章将阐述如何用 DNA-V 模型来增强自己的力量，挣脱无形的枷锁，并获得真正的成长。你将会深入地了解自我，并学习如何施展能力、安住当下、接纳自己的脆弱、拥抱无限的可能、给自己以关怀、勇敢进取，并深刻认识到自己的存在。

接纳脆弱是指具身自我与情绪都是自己的一部分，也是体验生活以及与他人相处的重要方式。无限可能是指不为自己设限，知道自己无须受困于语言和标签，例如"不够聪明""不够好"。自我关怀，是指敞开心扉，接纳勇气和善良。勇敢进取是指提高自己的能力，为最高目标而努力，从而使自己获得成长。深刻认识是指磨炼自己的意识和身体，使其变成一个开放的、立足当下的存在，全身心地投入生活，并与世界建立联结。

达瓦在法学院学习了 10 年，但所有的事实和判例法并没有教她如何面对来自内部的变化。通过这几个有关提升力量的章节，她会明白理想的破灭并不是个人的错，自我批评是徒劳的，只有强大且富有同情心的自己才是坚不可摧的。

第 3 部分：建立更强大的社交纽带

最后 4 章，我们将回归真实的社交世界。这一部分会引导你思考别人给你带来的改变，以及你对此可以采取的行动。我们将阐述如何舍弃那些没有帮助的行为模式、如何面对不断变化的人际关系、如何解决与他人相处时的问题，以及如何努力获得更多的爱与联结。在最后一章你会看到，即使世界充满了令人恐惧的变化，你也依然能利用 DNA-V 模型坦然应对。以价值为动力，发挥 DNA-V 模型的能力去适应变化。即使深陷绝境，DNA-V 模型也能为你带来希望。

达瓦对不断变化的社交世界感到震惊。她期待一份有回报的职业，却被困在一个有害的工作环境中。霸凌行为触发了达瓦过去所经历的伤痛体验。关于社交部分的各个章节，都会帮助她深入了解自己的社交行为，摆脱那些毫无帮助的习惯，比如回避、默许和自责。她将学会如何使自己变得坚定而自信，从而开创自己的事业。她将学会巩固亲密关系，接受并给予爱和支持。

达瓦的情况并非个例，但它足以证明 DNA-V 模型可以帮助人们重新筹划自己的生活。在本书的后续章节中，你将看到其他人运用 DNA–V 模型来应对困难的故事。

达瓦的生活可以被改变。

你的生活也可以被改变。

第 1 部分

应对变化的基石：
掌控你的四种能力

综合运用 DNA-V 模型，你的人生之路将由目标领航。

想必你已经做好准备，来学习如何最大限度地发挥自己能力的方法了。在引言中，我们简要介绍了 DNA-V 模型的各个部分，你对它们应该已经有了整体的认识。你自身已经具备 D、N、A、V 四种能力。现在，我们将进一步探讨如何在生活中运用这四种能力。目前，你运用这些能力的方式可能使你陷入了困境，如果改变方式，你将变得更加强大。在接下来的四个章节中，我们将帮助你了解变强大与陷入困境之间的区别。

这个转盘示意图展示的是一种自我反思的方法，它也可以帮助你思考如何面对变化。现在让我们逐一认识这四种能力，你将发现，将DNA-V模型应用于生活中的重要事项上并不困难。

请首先思考下你的人际关系，找出那些你重视但经常发生冲突的人。也许你经常与他们争论或不同意他们的看法。

进入"建议者"领域

花一些时间来思考你遇到的冲突。造成这些冲突的原因是什么？当你处于冲突中时，你在想什么？你应该怎么做？这时候你需要发挥"建议者"能力：你正在解决问题，弄清楚事情的来龙去脉。

进入"观察者"领域

现在，慢慢地呼吸（不是深呼吸，只是放慢呼吸节奏）。不要着急。给自己片刻的喘息时间。观察自己的内在。当你通过身体和感官感受世界，则需要运用"观察者"能力，比如沉浸在大自然中或与朋友对话时。现在，将你的思绪慢慢地转移到冲突上，观察冲突在体内的感觉。是否有感到紧张的地方？你的身体产生了什么感觉？你感到愤怒、紧张还是悲伤？注意与那个人发生冲突时的感觉。现在，通过感知周围的事物，将你的注意力转移到外部世界。慢慢来。注意所有的气味、画面或声音。你刚刚与自己的"观察者"建立联系，花点时间了解一下这种感觉。

进入"探索者"领域

当你与世界互动并接受反馈时，你需要充分利用自己的"探索者"能力。尝试一些新鲜事物，你将因此获得成长。如果一直停留在舒适区，那么你将失去成长的机会。再去想一想那场冲突。发生冲突时，你通常会怎么做？是会争吵、提高嗓门，还是会变得冷若冰霜？了解自己常用的行为策略及其效果。现在，你需要考虑在这场冲突中做一些新的或不同寻常的事情。你可能会尝试哪些新行为？虽然尝试一些新做法可能也会让人感到不舒服。

进入价值中心

我们将价值和活力放在 DNA-V 模型转盘的中间。想象一下，你可以把自己的价值转向"探索者"、"观察者"或"建议者"能力，这取决于你看重什么。假设你重视改善人际关系和减少冲突，那么它将决定你如何引导你的能量。首先思考：当前的情况是否有助于减少冲突？然后发挥你的"建议者"能力。放慢速度、暂停且不要立刻对感受做出反应，这样能否使你受益？然后发挥你的"观察者"能力。最后，你是否愿意在这段关系中做一些新的尝试，看看它能否解决冲突？然后运用你的"探索者"能力。

通过 DNA-V 模型，你可以在短短几分钟内迅速做出改变，对人际关系进行一些尝试（D）、观察自己在关系中的感受（N）、思考这段关系（A）。这不是很神奇吗？虽然你没有注意到这一点，但实际上你一直在转动转盘。DNA-V 模型转盘可以展示出你的变化。你永远不会停止渴望，永远不会停止关心。你始终在调动所有的能力，去帮助自己热爱生活。

是时候开始你的 DNA-V 之旅了。我们可以将 DNA-V 模型的任意一处作为起点，但第 1 章将从核心——"价值引导者"开始。了解了自己的价值之后，你将踏上一条通往成长与蜕变的道路，也将让目标成为你的力量之源。

第 1 章　价值引导者：引导我们实现人生目标

让心来指引生活。每天问一问自己：最重要的是什么？也许你不知道答案，但你可以去寻找答案。寻找会带来改变。

在一些寂静的时刻，你可能会质疑生命的意义，怀疑自己是在度过一个有意义的人生，还是在混沌度日。漫步于大自然的时候，你会被那些比你更加高大的树木的力量所吸引，进而萌生这样的思考。在这里，你可以感受到自己对其他东西的渴望。你从繁忙的日常生活中抽身出来，这里只有森林和你。你感受到自己对生命的冲动。每天、每周、每月、每年都会有新的挑战，人们很难停下来倾听这种渴望。我想从生活中获得什么？我需要什么？在那片宁静中，你可能还会听到来自疼痛的呐喊。我希望生活更加简单一点。我只想平静地生活，拥有幸福与爱。这个要求并不过分吧？然而我们可能很难听到这样的心声。宁静中充斥着悔恨。也许你已经在习惯中失去了生活——起床、工作、睡觉、起床、工作、睡觉……这是一个永无止境的循环。

重视这些寂静的时刻。要知道，你并非独自一人面对这场战斗，我们都面临着同样的困境。在本章，我们希望你能花一些时间找寻自己的意义和目标。你会明白，倾听自己的渴望是多么重要；为什么你总是很难去倾听自己的内心；倾听如何使你更加强大。

人们普遍渴望的是活力与价值。活力是指生机勃勃、精力充沛和全身心投入的程度，就像你和朋友开怀大笑或热情迎接新挑战时的样子。价值是指你内心重视的东西，是从长远来看对你个人来说重要的事物。价值驱动的行动包括与他人建立联系、挑战自我和学习、锻炼身体、满足精神需求、为他人奉献、拥抱当下和关心自己[1]。价值并不在于你怎么想，而在于你怎么做，我们将这称为"价值驱动的行动"。价值是你为之努力的东西。现在所采取的价值驱动行动，将在未来看到结果。当你开始思考自己重视什么的时候，你就会知道自己要为什么而奋斗。如果你不去思考，就不会有任何变化。

●━━━━━━━━━━━●

两个世界的故事

想象自己生活在下面所描述的地方，你将体验两个世界的差异。在阅读下文的过程中，请观察自己的身体和意识发生了怎样的变化。

第一天

早上，闹钟响起，你将它按停。你又睡了一会儿。

片刻安宁后闹钟又响了。该死。该起床了，时间不够了。你把一只脚从床上抬起来，脑海中浮现出今日的待办事项：工作任务、约会、采购杂货、电子邮件——哦，那些电子邮件！——还有账单、会议和待洗的脏衣服。已经是星期四了吗？快点，你要迟到了！你抓起钥匙就走。手里握着咖啡杯，脑中想着今天要做的一切。

你现在生活的地方是我们所谓的"僵尸之地"。没错，这名字听起来有点儿蠢，但它很容易记。

通勤要花费很长时间。怎么有这么多车技糟糕的司机？快一点呀！

最后，咖啡因开始发挥作用。

整个工作日，你一直在开小差，幻想着去度假。今天是"僵尸日"。你想，请让这一天快点结束，晚上我需要多睡一会儿。

"僵尸之地"的日子就是如此沉闷，一个任务接着一个任务，一个挑战接着一个挑战，令你应接不暇。因此，你一路快跑，拼命赶工，耗尽所有时间，然后筋疲力尽地结束了一天。入睡之前，你也许会想，自己有多少时间是这样度过的。我又得到了什么呢？

问问自己，一周中你有几天生活在"僵尸之地"？

一天？

四天？

一天都没有？

还是每天都如此？

难道没有其他选择吗？"僵尸之地"的出口在哪里？

有时你会停下来，意识到那些待办事项已经偷走了你的生活。也许当你停下来的时候，也会思考是什么原因使自己的生活变得如此忙碌，以任务为中心或是如此无趣。你甚至会冒出这样的想法：这一切有什么意义？然后，你可能会陷入自责——为什么让这些事浪费自己宝贵的生命？

在"僵尸之地"，日复一日的工作耗尽了你的心力。

停下来，留意这个地方带给你的感受。

你受够了吗？

第二天

现在来体验另一种生活。请想象下面的场景。

早上醒来，你伸展身体，看到窗外的太阳从地平线升起，阳光穿过天空洒满房间，为你带来了温暖。你有很多任务要做，但在这一天，你想停下来，欣赏日出。你说："今天我要享受生活。"无论今天多么繁忙，你都决定全身心地去生活。

这是一个被我们称为"活力之地"的新世界（是

的，又是一个愚蠢的名字）。在这里，居民们会珍视每一天的生活。

停下来，呼吸清晨的空气，问问自己：今天对我来说重要的是什么？我关心什么？

然后倾听内心的答案。

你决定用意识将自己的能量引导到"价值引导者"处，保持价值和渴望的联结。

在"活力之地"开启忙碌的一天时，问问自己：如何才能创造活力？你可以用行动来回答。也许是一边刷牙，一边观察浴室窗外树上的小鸟，以及决定暂时放下待办事项。也许你会对为你煮咖啡的人微笑，或者分享一个关于天气的笑话，留意从他们深棕色的眼睛中流露出的温柔。当你开始一天的工作时，提醒自己什么是重要的，这样做可以创造更多的能量。也许你可以停下来询问一位同事的工作进展，或者停下来轻松地吃一顿午餐。

你将精力集中在关键时刻，并且依然努力工作。

你打电话给朋友，笑着分享一个从网上看来的趣闻；把手机收起来，注视着与你说话的爱人；给自己一点独处的时间，并且你依然能完成任务。

当这一天结束时，你停下来，坐在床边。你微笑着，注意到正是这些最微小的事情使今天变得有意义。经过一天的辛苦工作，你感到疲惫，心中却有种暖意。今天，你通过一些能够带来能量的微小行动获得了活力。

再次停下来，设想一下，如果每天都这样生活，结果将会如何。

这两天将改变你的生活

问问自己：在想象"僵尸之地"时感觉如何？你能否用几个词语加以描述？也许你感到失落，或者感到恐惧；也许你变得死气沉沉，或者压力倍增。然后再问问自己：在想象"活力之地"时发生了什么？描述你的感受。也许是一种慢下来的感觉，也许你感受到某种联结，也许你感到精力充沛或生机勃勃。但你也可能会感到失落、悲伤和遗憾。这是你独有的感受，并且无论你意识到什么，都是有益的。你在这方面没有错。

准备好迎接真相了吗？

如果你能体验到"僵尸之地"和"活力之地"的不同，那么你就会做出改变，即使你不过是读了印在纸上的文字。哪怕只是一点点，你仍然出现了变化，但你周围的物质世界并没有任何变化。你只是在阅读一本书，不仅没有得到更好的工作，也没有开始新的生活。除了你自己，任何事物都没有发生变化。这一点很重要，因为它是将你从无意义的挣扎中解放出来，并获得改变的第一把钥匙。改变从内而来。

你的生活为什么会陷入困境，如同生活在"僵尸之地"？是因为你想取悦所有人，完成所有任务，害怕不确定性，试图避免失败，不知道如何改变，还是其他原因？

利用生命能量进行价值肯定

科学表明，思考自身价值可以改变自己的生活[2]。这就是进行"僵尸之地"和"活力之地"练习的目的，我们希望借此启发你的思维。

价值肯定——说出或写下重要的事情——会促进价值驱动行为的产生。例如，研究人员要求学生写下自己的价值，之后，这些学生的成绩和 GPA（平均学分绩点）都得到了提高，他们甚至完成了更多课程，而仅靠目标设定对他们来说毫无帮助[3]。在另一项随机双盲实验中，来自中低收入家庭的非裔美国学生写下了他们的个人价值，此后，他们的平均成绩提高了30%。更进一步的研究发现，如果人们牢记自己的价值，就可以承受更长时间的痛苦[4]，在面对具有挑战性的任务时也会毫不气馁[5]。由价值产生的能量不正是你需要的吗？它能提高你的表现力，实现你的目标，应对你的挑战，并引导你过上真正想要的生活。

你已经迈出了第一步，即思考今天对你来说重要的是什么。当然，你会遇到挑战和困难，但现在，看一看你是否要和我们站在一起。我们保证，读完本书的前4章，你会发现改变一点儿也不难。现在，你需要知道：第一步是了解你作为人的超能力，即意识，学会为价值肯定注入能量，从而改变你的世界。面对不确定性或不必要的变化，你需要成为一个"价值关怀者"。尽情畅想，并写下你渴望的东西。

找到你的价值

面对变化，首先要关注每一天的活力，就像我们前面所做的那样。然后，随着你不断进步，你将学习如何利用微小的重要时刻来采取有价值的行动。你可以通过利用自己的价值和活力为生活树立目标。你会意识到对自己来说重要的究竟是什么，它会在每天早上将你唤醒，使你勇敢地面对严峻的挑战，有目标地不断前进。

价值导向可以改变我们的生活，也可以改变我们服务对象的生活。同样，它也能改变你的生活。下面是来自路易丝的故事，它体现了价值给我们带来的变化。

住在尼泊尔的加德满都时，我曾遭遇过多次地震。这段经历非常可怕，但它所产生的影响却改变了我的生活，并不断通过价值驱动的目标来激励我。

价值驱动的行动出现于一个炎热的季风天，也就是地震发生的几周以后。我坐在狭小的单间公寓里不知所措，内心感到绝望，心情十分沉重。我想逃离这个国家。但我的尼泊尔"家人"不能像我一样跑到更安全的国家。我看到他们正在努力清理废墟，重建家园。

"必须做些什么，"我反省道，"你已经死里逃生，不能坐以待毙。"

我希望自己是一名护士或建筑工人，能够做一些更加实际的事情。但我只会简单的尼泊尔语，帮不上什么忙。

思来想去，我的心情愈发沉重起来。

然后我想到了一种可能性。我可以教人们练习正念冥想，我的夏尔巴①朋友可以为那些攀登喜马拉雅山的人当向导。这

———————

① 夏尔巴是一个古老的民族，主要居住在喜马拉雅山脉地区。

两件事可以结合起来吗？

我对朋友说："我们可以带领专业人士去山上进行正念之旅，这样就能为当地社区筹集资金。"在此之前我感到疲惫又无助，但现在我充满了力量。

第一步很简单，只需通过我的社交网络发送一封简短的电子邮件："和我们一起攀登喜马拉雅山，帮助灾区重建，为儿童和村民募捐。所有收益都将归他们所有。"

虽然感觉第一步就像攀登珠穆朗玛峰，但实际上它并不难。用键盘敲出电子邮件的内容，然后按下发送键。当迈出第一步时，我获得了巨大的成就感。

有五个人回复愿意参加。我并不认识他们，但他们都愿意加入这次喜马拉雅之行。这反而让我担忧起来。如果他们不喜欢这次活动怎么办？如果有人在途中生病或受伤怎么办？而我最担心的是，如果再发生一次地震，我们可能会在途中丧命。我的担忧始终萦绕心头。但我的价值感战胜了担忧。我想帮助我的尼泊尔"家人"，我希望筹集一些资金，帮助他们重建家园。

迈出第一步，就可以迈出第二步。有了第一次旅行，就会有第二次旅行。

此后，我们通过这些旅行项目与贫困社区合作，帮助他们重建学校，让孩子们重回课堂，并建立起卫生站。项目的参与者也找到了各自的人生目标。然而，没有人会预测到能有这样一个好的结果。

虽然我感到恐惧和怀疑，但我依然选择了倾听自己的内心。

这也是你的"价值引导者"对你的要求。

倾听。

然后从一小步开始。

那么现在，我们想把这个秘诀传授给你。现在你可能还不知道自己究竟在意什么。这没关系。但你需要敞开心扉，倾听自己的"价值引导者"的意见。请在阅读本书的过程中，倾听内心的声音。不断倾听，永不停止。如果你不知道自己想要什么，也不必担心。请相信，倾听会带来改变。

 你渴望什么

假设多年以后，追忆往昔，你的人生始终有明确的目标，你曾全心全意地生活，那么在这仅有一次的宝贵生命中，你会成为什么样的人？

- 你会如何处理人际关系？
- 你会如何应对工作？
- 你在社区中扮演着什么样的角色？
- 你是否真切地关心过自己和身边的人？

将能量投入重要的时刻与价值驱动的行动中

现在你可以从活力的角度来看待生活，想一想，是什么让你每一天都充满能量？然后，你需要深入思考价值：你内心最在乎的是什么？生命的意义何在？最后，你会靠自己找出答案。之后你必须采取行动。价值驱动的行动可能会让你感受到一定的风险，但这是正常情况。越是重视或在乎某样东西，就会越害怕失去它。下面是在考虑采取价值驱动的行动时，我们三个人的反应。

路易丝：哎哟，"行动起来"，光是想想就很痛苦。我会马上变得消极起来，我预感自己不会采取任何行动。

约瑟夫：我会立刻感到恐惧。我担心如果在工作中采取价值驱动的行动会犯下大错，然后失去一切。我最终会像少年时期一样孤独。

安：我更重视当下，但是当我想采取行动的时候，我会担心不好的事情发生，因为我没有做好准备。

重视某个事物，但最终收获失望，犯下错误或者使事情失去控制，这或许并不是你想承担的。也许你过去经历过一些令你痛苦的变化，或者一直难以满足自己的需求，你不想让自己陷入更多的失望和伤害中。但是，扪心自问，你希望自己时

刻小心翼翼，避免伤害？还是希望度过精彩的一生，即使遭遇
失败也无所畏惧？如果你的答案是肯定的："是的，我愿意冒
险活出内在的价值"，那么你就已经迈出了一步。

> 价值的伟大之处在于，它是一种能量来源，
> 取之不尽，即使你没有付诸行动，或没有采取符
> 合理想的行动，它也依然在那里。

假设今天你没有做任何有益健康的事。在这一刻，你依
然可以回到自己的价值上，重视自己的健康。你可以说："下
一顿饭我会吃得更健康。"如果今天你在挑战中失败了——比
如工作面试不顺利，该怎么办？这并不能抵消你应对挑战的能
力。你可以随时决定去寻找有意义的挑战，并告诉自己："我
会努力提高面试技巧，然后再次申请。"你的价值一直在那
里，随时帮助你再次做决定。

对于价值驱动的行动，主要障碍之一是你认为自己必须
具备行动的动力和精力。这意味着你要等到自己有更多精力的
时候才开始采取行动。事实上，你没有必要等。价值有充足能
量支撑你前进。人们常常会把能量视为有限的资源，就像电池
一样。你做得越多，耗费的电量就越多，剩余的电量就越少。
在这种思维模式下，缓解疲惫的唯一方法就是休息和"充电"。

但是，如果这个思维模式是错误的呢？如果活力的关键不在于减少行动，而在于多做正确的事情呢？

不要将能量比喻成电池，我们可以将其想象成风车。风是无穷无尽的能源。价值驱动的行动可以为我们创造能量，就像风车借助风产生能量一样。如果让风车在没有风的建筑物内休息，它就无法产生能量。它必须在外面的世界，与外面的世界相互作用。你也必须如此。世界充满了能量，只待你去接收。例如，有些人能够在与朋友聚餐、体育锻炼、在大自然中散步、做手工、与孩子玩耍或创作音乐的时候提升精力。也许你需要停下来思考一下，哪些活动能够提升你的能量，而不是耗费能量。如果每天都能进行这样的活动，无论它有多么微小，你都能变得精力充沛。

你能否让价值来引导你，并使自己充满能量

● 如果你的答案是肯定的，那么你已经迈出了第一步。

● 如果你的答案是否定的，那么继续读下去吧。我们希望你能在接下来的阅读过程中，将否定变为肯定。

让价值与活力贯穿每一天

在本章的最后，我们来简单地总结几个关键步骤，而你可以通过这些步骤来发挥自己的能力，从而变得更加强大。你可以参考以下步骤，更好地发挥自己的"价值引导者"能力。

每天问自己：

- 今天我要如何运用自己的能量来创造一些重要时刻？
- 今天我要如何分配自己的能量，来支撑那些对我来说真正重要的东西？

第2章 建议者：提高效率

过度思考会让你筋疲力尽，思虑不周又会造成失误，我们需要找到折中之法。

我们将内心的声音称为"建议者"，因为它是我们生活中的重要能力。有时它无比强大，甚至会阻止你发现新事物或者关注自己的感受，令你陷入沉思之中。

接下来，你将学习如何训练自己的"建议者"，有效发挥它的作用，并放弃过度思考。思考可以极大地改变自己，也有可能牢牢地将你困住。我们所谓的"思考"，是指以各种方式使用语言进行评价、解决问题、自我激励和理解事物[1]。当生活中出现了意想不到的变化时，你可能会觉得一切都失去了意义。这时你就会进行思考。为什么这种事会发生在我身上？我做错了什么？我可以解决问题吗？

思考难以言说。我们如何用语言来解释语言的使用方式？为了便于理解和解释，我们用"建议者"打个比方。"建议者"就像一个缩小版的你自己，它坐在你的肩膀上，不断建议你应该做什么。"建议者"会常常说一些有用的话，比如"你可以渡过难关"，但有时也会提供无效的建议，比如"你不可能解决这个问题"。现在，让我们停下来，合上书，听"建议者"的声音。花几秒的时间来尝试一下：停下来，除了呼吸什么都不要做，倾听脑海中浮现的对话。好了，现在你应该明白我们所谓的"建议者"是什么意思了。

我们希望通过"建议者"这个比喻，表达有关思考的两方面含义。首先，你的"建议者"似乎有自己的生命、能量和目的。你是否觉得自己好像无法停止思考某件事？这表明你还没有完全控制自己的"建议者"，尽管你可能已经做出了尝试。你无法让它安静下来，也不能强迫它说出你想说的话，更难以将它踢出脑海。但你可以与它和平相处。然后，你可以将精力集中在价值上，而不是努力让"建议者"说出"正确"的话。其次，无论走到哪里，你都会将"建议者"装在脑袋里。这意味着，即使你的"建议者"说了一些毫无帮助的话，比如"你不可能改变做事的方式"，你也仍然可以通过行动来改变。你无法控制"建议者"，但了解它的运作方式以后，你可以成为它的主人。

成为"建议者"的主人

我们将教你如何通过三个步骤成为"建议者"的主人。首先，你需要遇见它并了解它。然后，你需要转换视角。最后，你需要支配它。通过这三个步骤，你将获得一位盟友，它会帮助你在变化中成长，而不是与变化为敌。

第一步：遇见它

你要与自己的"建议者"共度余生。想象一下，你内心的声音始终存在，终生都会与你对话。就好比有一个人搬进你家，一住就是一辈子，而你必须要了解这个人。因此，让我们来认识一下"建议者"，以及它是如何进入你的生活的。你对它的了解越深，就越能有效地利用它来应对不确定性。

当你还是个一岁的婴儿时，你的"建议者"还没有出现。那时的你还无法说话，需要通过感官了解世界。对你来说，"妈妈"、"爸爸"、"太阳"和"小草"这样的词语，只是毫无意义的声音。它们听起来可能是咿咿呀呀的声音。看到太阳，你不会给它贴上太阳的标签，只会将它视为一个很温暖的橙色大球，但这个纯粹依靠觉知的时期不会持续太久。

当你逐渐长大，周围的人不断说"妈妈"、"爸爸"、"太阳"和"小草"，很快你也学会了造词。然后你学会了评价：小草是漂亮的绿色。小草会让人发痒。接着你学会了预测：如果小草让我发痒，我会不高兴的。到了童年中期，随着社交联结的重要性提高，你开始进行比较：我比他弱吗？如果父母发现我拿走了巧克力，该怎么办？那些女孩子是在取笑我吗？你可以看到，自己内心的声音或"建议者"就这样形成了。最后，你的自我建议成为一种习惯，以至于你都意识不到它的

存在 [2]。

现在你已长大成人，数十年里一直在使用语言，并且内心中持续不断地进行着有关自己、他人和世界的对话。如今的你可能无法想象，如果没有这些内心声音，生活将是什么样子。小时候，你可能唱歌跑调，但不会为此批评自己。而现在，只要犯错，你就会批判自己。你可能从未停下来思考：听从"建议者"，我的生活变得更好了还是更糟了？

是时候思考这个问题了。

想一想，"建议者"何时有用

我们都有"建议者"，主要是因为它可以帮助我们规避错误。这是一种已经发展了数千年的工具，其目的是帮助我们生存下去。我们需要避免可能危害未来安全的错误。例如，假设我们给你的建议是"不要靠近那个灌木丛，那里有一条致命的毒蛇"，那么当你走近灌木丛时，你的"建议者"就会尖叫："小心！"，而你会感到恐惧。请注意，你不经历被蛇咬伤的过程，也能学会躲避毒蛇。我们的"建议者"和你的"建议者"救了你。

再举一个工作中的例子。假设周五晚上下班后，同事比尔约你喝酒，你们聊了很长时间。你很喜欢比尔。他提议一起乘出租车回家，你心动了。但你想起朋友杜斯卡对比尔的评价，她觉得比尔有点令人不舒服。你回想起这些话，你的"建议者"说："小心，有危险。"你不敢和比尔一起乘坐出租车，于是决定让他下车。下个星期，你得知比尔被指控性侵。内心的声音，也就是你的"建议者"，保护了你的安全。

> "建议者"会将危险呈现在你的脑海中，这样你就能在现实世界规避风险。

这里需要注意几个要点。"建议者"让你感到危险就在眼前。这不只是一种认知，它还会让你的身体感到恐惧。你在和比尔没有任何负面的经历时，就对他产生了恐惧，这是一种了不起的生存技能。"建议者"会积极主动地提供建议。它不会礼貌地等待你向它寻求建议。无论你是否愿意，它都会为你提供建议。因为它的任务就是在你受到伤害之前发现威胁。它是一个哨兵，主要工作是确保你的安全，而不是让你获得快乐[3]。因此在面对比尔的时候，"建议者"会保护你。

> "建议者"像哨兵一样时刻提防危险。

"建议者"最厉害的地方在于向他人学习的能力，比如你的"建议者"会向杜斯卡学习，从而了解比尔的为人。你的"建议者"也会向科学家、历史学家、哲学家和生活在千百年前的智者学习。学习不仅限于你的亲身经历。"建议者"让你站在巨人的肩膀上，不需要每次都通过直接经验学习。

你的"建议者"听起来像是一个很棒的合作伙伴，对吧？你真幸运！

但是……（你知道的，总有但是）

想一想，"建议者"何时无用

如果要了解"建议者"的缺点，你就需要了解它的独特之处。人与动物都拥有一个生物系统，可以帮助他们发现威胁。他们都害怕在草丛中爬行的东西。但与动物不同的是，人类领先一步，可以对只存在于大脑中的威胁做出反应。

> 你的"建议者"使那些怪物好像就在眼前，但是，倘若它们并非怪物呢？

假设你和一个叫萨米尔的人大吵一架。在回家的途中，你仍然想着这次争吵，满腔怒火。仿佛萨米尔就坐在你旁边。这就是"建议者"在发挥作用。然后你回到家，爱人为你做了一顿丰盛的晚餐，但你看都没看，因为"建议者"让一个虚拟的萨米尔坐在你的身边，你一直在回想在刚才的争吵中自己应该怎样还击。当你上床睡觉时，爱人正期待与你亲热，但你没有时间理会。相反，你躺在床上，一边是爱人，另一边是虚拟的萨米尔，你被挤在中间。今晚，你会继续在脑海中与萨米尔争论，而不是与爱人共浴爱河。

动物不会靠想象生活，也没有一个会说话的"建议者"[4]。它们只对当下的威胁做出反应，也就是当危险实际存在的时候。动物活在当下，但人类总要与心灵世界中的怪物做斗争。我们反省过去犯下的所有错误，为将来可能会犯的错误而烦恼，批评自己想象中的每一处不完美的地方，同时，我们也会想象别人的缺陷，进而去批评他们。"建议者"的活动会带来新的负面情绪和更复杂的心理状态。与此同时，我们却对有形的世界视而不见。所有人都可能迷失在"建议者"的假想世界中。

我们被困在一个心灵世界里，如果那个世界到处都是独角兽和棉花糖，倒也不错。但不幸的是，对人类而言，想象中的世界可能是相当消极的。这一点不难解释。假设有四个人表扬了你，但有一个人对你提出了批评，你会关注那些积极评价还是批评？你会关注批评，对吧？这就是"建议者"的作用，它要对负面的事情保持警惕。如果有一位同事在前四天一直对你很友好，第五天却粗鲁地对待你，那你的注意力可能会全部放在他的粗鲁行为上。请记住，"建议者"的主要目的是发现危险，确保安全，而不是让你快乐。这意味着它总会倾向于消极的方面[5]。

> 有时候你可能会产生消极的想法，但这并不意味着你是一个消极的人。这只能说明你是一个正常人。

现在你已经了解了"建议者"的优缺点，那么你可以在行动中捕捉到它的身影。你需要做好准备，密切关注那些无益的思维模式。看看下面这些模式，你是不是感觉有些熟悉？

- 沉迷过去。你是否会一遍又一遍地思考过去的事情？你是否沉浸在遗憾和羞愧之中，或者是否希望事情能有所不同？

- 担心未来。你是否考虑过生活中的变化可能会给未来带来一些问题？你是否想躲开未来所有的危险？

- 批评自己。你是否总在批评自己，或者试图找到自己的问题所在？

- 批评他人。你是否总在批评他人，或对别人感到愤怒？你是否总在指责别人？

- 找借口。当你没能做到某件事的时候，是否会给自己找借口？比如"我没有时间"或"我缺乏动力"。

- 自我伤害。你是否经常产生一些无益的想法？比如"我做不到，没有人会爱我"，或者"生活毫无希望"。

被困在自己的想法中、问题的解决毫无进展，这足以说明"建议者"无法提供帮助。也许是时候尝试一些别的方法了。

- 现在，哪种想法最容易让你陷入困境？这个想法与哪方面有关？是工作、朋友、家庭、未来，还是过去？
- 你能否意识到自己的想法在某些时刻毫无帮助？在这些时刻，你花了太多时间与脑中的想法周旋，却忽视了周围现实的生活。

第二步：转换视角，而不是与它对抗

如果你在某些情况下意识到"建议者"提供的建议无用，那么这意味着你需要转换视角。显然，你无法将"建议者"踢出脑海。也许你认为自己可以对抗它，说服它变得积极起来。

你的反抗可能像这样：

建议者：我永远也找不到一个喜欢我，愿意和我在一起的人。

你：不，会找到的。只要继续努力。

建议者：但我的恋爱从来都没有成功过，从来没有。

你：继续尝试，不要放弃。

建议者：如果我继续尝试，只会让自己遭到更多的拒绝。

这番对话听起来是不是像你绞尽脑汁后却一无所获的样子？你和你的"建议者"在两种对立的想法之间来回拉扯。你很少能取胜。并且不幸的是，你无法一直劝说"建议者"对你说有用的话[6]。

因此，如果争论不起作用，那你可以通过某种方式让"建议者"闭嘴。这通常意味着用社交媒体来分散自己的注意力，疯狂看电视、酗酒，或强迫自己去想一些积极的事物，而不是思考问题。也许在短时间内，这些方法会让你感觉不错，但从长远来看，它们往往适得其反，让你感觉更糟[7]。你可以从自身经验出发，想想事实是否确实如此。如果这些方法真的奏效，你就不会过度思考了，对吧？无论你多么努力地分散自己的注意力，"建议者"依旧在那里，在你的脑海中，等待着，提防着。

你无法让"建议者"闭嘴，因为它要保护你，但你可以转换视角。只需牢记一个简单的事实："建议者"不是你的老板，它只是住在你的脑袋里。你走到哪儿，就将它带到哪儿，这意味着你可以控制自己的手脚和目标坚定的内心。即使"建议者"说不要做，你也依然可以采取行动。倾听"价值引导者"的声音，根据价值采取行动。[8]

不要通过"建议者"解决一切问题

想想那些你在自我怀疑却依然采取行动的时候，那就是你拿回主动权的时刻。它表明，"建议者"提供了无效的建议，但是你依然能够采取有效的行动。这个"但是"，就是理解改变方向的关键：无用的"建议者"并不能阻止你做有用的事情。表 2-1 提供了具体的操作说明。

表 2-1　有效利用"但是"一词

你的"建议者"的说法	但是	你做了自己认为重要的事情
我无法改变	但是	你报名了线上课程，去学习一门新知识
我永远都找不到真爱	但是	不管怎样，你加入了一个团体，也许在那里会找到喜欢的人
事情永远都不会好转	但是	你做了一些小事来关心自己，让生活更加美好
我太累了，无法锻炼	但是	活动了四肢
我没时间去做那些重要的事	但是	你抽出时间去做了那些重要的事

如果你的"建议者"对你没有帮助，就让它转换视角。

下面是约瑟夫的故事，我们将看到他在遭遇逆境时，如何通过转换视角寻找出路。阅读时，请注意他应对建议者的步骤。你需要将这个例子与自己陷入困境时的处理方式联系起来。在这个例子的最后，我们将帮助你思考，如何针对自己遇到的问题转换视角。

我所在的公司正在裁员，这让我惴惴不安。

我的心头一直萦绕着响亮的自我对话："我会失去工作吗？如果我被解聘了，人们会不会认为我非常无能？我还能再找到一份好工作吗？"

高层管理者认为我的研究工作无关紧要，只会造成不必要的开支。同事知道我就在裁员名单上，因此我的"建议者"开始关注他们，将他们视为威胁。我对自己说："是不是每个人都认为自己比我强？他们在评判我吗？"越是这样想，我就越不知所措。我没有向任何人寻求帮助，只是自己胡思乱想。

我的"建议者"一直没有停止工作。它提出疑问："我要怎么做才能获得人们的尊重？如果今天我失业了怎么办？"它指责别人："他们凭什么看不起我？他们到底知道什么？去他们的。"它还预测了未来："我处在危险中。我现在必须逃跑，否则他们会摧毁我的灵魂。"

我一无所获，只得到了越来越多的压力和不眠之夜。我将精力放在"建议者"身上，几个月之后只得到了怨恨和痛苦。谢谢你，"建议者"！我的生活变得更艰难了。我意识到必须做出一些改变了。终于，我明白了自己到底在干什么，然后我开始调整自己的能量。

调整 1：我的"建议者"说："干什么都是徒劳。"但我不会让这句话控制我。我有消极的想法，但我决定无论如何都要做一些尝试。我向同事倾诉，我想这可能会有帮助。我发现他们都和我一样感到无能为力，我无法改变外界的任何事，但至少我知道自己并不孤单。

我的"建议者"说："干什么都是徒劳。"但是，我尝试做了一些事情。

我的"建议者"了解到：其他人和我都处于类似的境地。

调整 2：我的"建议者"告诉我，别人都在批评我。我发现自己把一切都视为威胁，我应该检验它们是真实的威胁还是我的想象。因此，我与自己的想法背道而驰。"建议者"说："不要相信别人。"但我放松下来，积极与他人交流。我和他们谈论与工作无关的事情："嗨，你今天感觉怎么样？哇哦，你女儿进了两个球，真是太棒了！"调整方向后，我开始恢复活力。"建议者"无法再控制我。

我的"建议者"说："不要相信别人。"但是，我积极与他人交流。

我的"建议者"了解到：同事并没有经常评判我，他们也不讨厌我。

调整 3：我想加强自我照顾，以应对压力，但我的"建议者"说："你没时间做这个。如果你在工作中落后，就会失业。"然而，我知道自己必须做好压力管理，否则我会筋疲力尽。因此，我再次遵循了自己的想法。我的"建议者"仍在重复消极的想法，但我增加了锻炼、阅读和听音乐的时间。令人惊讶的是，我发现做这些事情并没有耽误我的工作，反而使我有更充沛的精力去工作。

我的"建议者"说："你没有时间锻炼身体。"但是我开始运动。

我的"建议者"了解到：运动使我以更加充沛的精力投入工作。

转换视角的过程就是训练你的思维、使它为你服务的过程。你可以通过积累全新的体验来训练自己的"建议者"（表 2-2）。即使你在阅读的过程中没有感觉到变化也没关系。变化需要在实践中感受。当你以新的方式接纳"建议者"，并尝试转换视角的时候，变化就会发生。给自己一个机会，在实践中学习。

表 2-2　立即改变的方法

现在立刻做出的改变	案例
选择一个令你停滞不前的想法。比如，我没有时间。我没办法改变。我不够好	我个人的行为微不足道，不足以影响可持续的生活
用"但是"来改变方向。接纳这个想法，但是为它增加一个新的行动	我个人的行为微不足道，不足以影响可持续生活，但是我会想办法去影响周围的人一起行动

第三步：支配"建议者"

经过前面两个步骤后，我们自然而然地来到第 3 步。如果你能意识到"建议者"何时没有帮助，需要改变方向，那么你将获得成长与改变。最后一步是将你学到的内容融入新的经验法则当中。我们之所以称它为经验法则，是因为规则应该是灵活的，而不是僵化。"建议者"倾向于建立僵化的自我约束规则。你会听到像"不能"或"必须"之类的限制性表达。约瑟夫的"建议者"说："我无法渡过这个难关。"你需要创建新规则，重新训练你的"建议者"。这些规则是开放的，措辞中包含了可能性，比如"可以"或"或许"。约瑟夫尝试说："我可以渡过这个难关。"（而他的确做到了。）

你可以用新规则进行自我对话，指导你的体验或行动，或者只是激励自己，让自己继续前进。但是请记住，涉及"建议者"时，需要检查这些规则，看看它们是否有帮助。下面展示了一些新的"建议者"规则（表 2-3、表 2-4）。

表 2-3　建议者规则

"建议者"妨碍生活	建立开放的新规则来支配"建议者"
我必须克服所有问题才能生活下去	生活离不开问题。我现在能做的就是调整自己，用价值驱动自己的行为
它没有用	我可以相信这个过程
我永远都无法完成这项任务	我可以留出时间，然后着手去做

续表

"建议者"妨碍生活	建立开放的新规则来支配"建议者"
我无法获得动力	我会坚持下去，哪怕我没有动力
我无法照顾自己	我可以照顾自己，就像照顾一个我爱的人
我必须讨人喜欢	我不需要让所有人都喜欢我

表 2-4　测试效果与案例

为自己建立一条新规则，然后看看它的效果	案例
想想你在面对困难时经常说的固定陈述，它的用词通常带有限制性，使用"无法"、"不会"、"应该"或"必须"这样的词语	我无法改变自己杂乱无章的工作方式
现在，放宽规则，增加可能性。使用"尝试"、"或许"、"可以"或"可能"之类的词语	我可以尝试一些新的管理技巧

与你的"建议者"一起提高效率

下面是训练"建议者"的关键步骤，通过这些步骤，你可以进行更有效的自我对话。请记住，"建议者"最大的作用是帮助你以有意义的方式构建自己的生活。如果你深陷其中，过度思考或思维僵化，"建议者"便无法提供有效帮助。

你会看到，我们在上一章步骤图的基础上增加了"建议者"。现在你可以使用这两种能力了。你可以将下图贴在冰箱上或保存在手机里，时刻提醒自己。

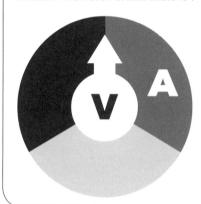

价值
将能量投入重要时刻和价值驱动的行动中

建议者
1. 遇见它
2. 转换视角（不要与之对抗）
3. 支配它（使用经验法则）

第 3 章　观察者：提升觉知

智慧来自身体，也来自意识。

上一章我们讨论了如何利用自己的"建议者"，如何辨别自我对话无效的时刻，比如当你过度思考或感到担忧的时候。言语很重要，但"建议者"并不是唯一的力量来源。在本章中，我们将讨论如何发挥"观察者"的能力，如何使它与"建议者"的能力相匹配。通过学习本章，你可以学会将生活具体化，感知生活、体会生活，并真实地生活在其中。

你的身体是一个灵敏的仪器，通过视觉、嗅觉、触觉、味觉、听觉和感觉来接收有关世界的信息。你无法停止或避开自己的"观察者"。这六种感官能够使你迅速发现机会和威胁。身体上的感觉为你提供相关环境中有利变化和不利变化的复杂信息。例如，如果你感到恐惧，可能就会预见危险，并会采取行动防止这种情况发生。愤怒可能说明某人待你不公。悲伤意味着发生了不好的事情，你可能需要被支持。内疚说明你做了一些可能不被社会所接受的事情。愉快的情绪会告诉你，你的环境是安全的，你可以进行探索和社交[1]。你知道这些感受所体现的信息对于适应不断变化的环境有多么重要吗？

051

既然身体和感官对生活如此重要，为什么我们很难依靠身体和感官生活？为什么我们会花一整天的时间与自己的感受对抗，或者我们什么也感受不到？答案很简单：社会教我们控制、隐藏或压抑自己的观察能力。

现代理性主义文化强调的是思考而不是感觉——换句话说，让你的"建议者"负责一切，包括你的身体。思想超越物质。你知道应该回避恐惧这一情绪，"建议者"也因此告诉你：恐惧是不好的，你承受不了恐惧。然后，你试图控制和消除恐惧感。通过这样的学习，最终你会训练自己的"建议者"，将每一个具有挑战性的感觉都视为有害的。悲伤、内疚、焦虑和难过都是有问题的、亟待解决的。

对此，我们提出了一个重要的问题：我们能在多大程度上控制自己的感受？科学的解释是：几乎无法控制。任何生物都不可能摆脱消极情绪，只保留积极的情绪。对于我们这种寻求安全的物种来说，这么做也毫无意义。有证据可以支持这一点。如果你对社交感到焦虑，可能会避免社交场合，因为你不想体验心跳加速和胃部紧张的感觉。然而，避免社交场合最终反而会增加紧张感[2]。控制焦虑会导致更多的焦虑。如果情绪低落，那你可能会避开一些事情，保护自己，免遭失败或拒绝。讽刺的是，逃避体验只会让事情变得更糟。逃避无法缓解抑郁，能让你振作起来的是接受失败可能性的同时，投入生活[3]。如果你不敢承认脆弱，那么你可能无法拉近与他人的距离。这样一来，你也切断了与他人建立联系的可能性。爱源自承认脆弱的勇气[4]。你能否发现其中的悖论？你试图控制自己的感受，结果只会让你的感受更加失控。

> 为了提高观察能力，你需要学会与身体及其承载的感受共存。

你花费了多少时间去和身体对抗，屏蔽不舒服的感受，只保留积极的情绪？你做到了吗？如果继续投入更多的时间去对抗，你是否有取胜的可能？单从你的自身经验来看，答案必然是否定的。控制感受的策略有很多种：拖延、滥用药物、暴饮暴食、节食、攻击、自残、购物、利用媒体分散注意力、压抑感受、否认感受，以及拒绝参加可能带来压力但很有意义的活动。这些策略可能会在短时间内让你感觉不错，但从长远来看并非如此。

你是否想尝试一些不一样的方法？是否准备好与身体和平相处，不再把它当作一个需要控制的物体？你的"建议者"不能凌驾于"观察者"之上。它们是平等的伙伴。你可以通过自己的身体和意识来体验世界。

在本章，你将学会如何与"观察者"保持联系，而不是一直利用"建议者"来解决问题。你将学会用"观察者"来提升自己的觉知并敞开胸怀。这样一来，当你遇到困难时，会少一些被动反应，多一些有效回应。你将学会倾听自己的身体，因为它会回应来自世界的信息，同时你也将学习如何熟练运用"观察者"的能力来打造理想的生活。通过本章提供的发挥"观察者"能力的练习，你将逐渐摆脱控制情绪的观念，获得无限的生命力。你也会发现，你不需要控制自己，相反，你需要训练"倾听自己"的能力。

"观察者"是如何学习和改变的

接下来我们会解释何为观察，观察能力如何随着你的成长而发展，你如何通过伤害、痛苦、爱与失去的经历学会观察。

和所有婴儿一样，你从出生起就是一个"观察者"。这种观察大概是这样的：如果身体感到很冷，你可能会因难受而哭泣；如果你被抱着，感到安全，可能会香甜地睡着；如果有人大喊大叫，你可能会因害怕而哭叫；如果有人冲你做鬼脸，你可能会高兴地咯咯笑。作为一个婴儿，你不会用"建议者"来判断好坏，因为你还没有"建议者"。你的观察，其实是体验的自然呈现。你的感受与知觉来来往往，你无法控制它们。但渐渐地，你的"观察者"能力发生了变化，你学会了不要立即对自己感受和经历的一切做出反应。来自他人的反应会进一步影响你，你逐渐学会用身体和感官来理解世界，对世界做出回应，并将你的感受传递给其他人。

到了童年时期，你的"观察者"也随着身体的成长发生了巨大的变化。如果周围都是善于观察的人，那么你或许能够掌握以下三种基本能力：

（1）你的身体是一个信息传递者。

（2）你可以产生任何情绪。

（3）你可以选择如何回应自己的情绪。

成长为一个成熟的"观察者"意味着你认为自己所体现的信息是有价值的。也就是说，从小到大，身边的人会正常地接纳你的情绪，无论是悲伤、愤怒、焦虑，还是沮丧。它也代表着他人将你的强烈情绪视为一种信号。那些熟练发挥"观察者"能力的成年人不会因你的强烈情绪而惩罚你，所以你不会将羞耻感内化——哪怕你大发脾气。他们不会认为害怕或因生气失控是软弱的行为。于是你学会了给自己的感受贴上标签，任由它们来来往往。在这一理想的情况下，你看到了成年人如何管理自己的情绪，也看到了他们对自己报以宽容态度的自省——至少大多数时候如此。

但可悲的是，大部分人的童年不是这样的。很多时候，你的经历都偏离了这种理想状态。你身处的文化环境可能会告诉你，强烈的情绪是不被接受的，愤怒是危险的，悲伤是不能被容忍的。人们可能会告诉你，要控制强烈的情绪并压制它们，没有人教你如何倾听和应对。家里的大人可能一直在与自己的感受做斗争，所以在这方面，他们无法为你树立榜样。他们封闭自我，或者气急败坏，又或者满口脏话。也许他们曾在小时候遭到过虐待，从而不知道如何与自己的情绪共处。当然，你的性格也很重要。无论你是内向的还是外向的，都会影响人们对你的态度。最后，你所处的群体也会影响你，他们可能会欺凌你、伤害你，或者使你丧失安全感。

以下是一些会削弱"观察者"能力的信息：

- 焦虑是软弱的表现。
- 你应该控制自己的感受。
- 你应该保持积极的情绪。
- 你应该将消极的情绪隐藏起来。
- 如果你产生了强烈的情绪，那一定是你有问题。
- 你不应该担忧。
- 情绪会干扰你的生活。
- 你有这种感受是不正常的。
- 性别化的信息，比如不要哭，男子汉大丈夫，不要像个女人一样，不要这么情绪化。

这些信息使你认为改变是不可能的。请不要绝望，现在开始改变，为时不晚。

如果你依赖情绪控制，那么它会使你成为一个不会崩溃但会与自己做斗争的正常人。

但你可以与自己和平相处。

改变并不容易，但如果你愿意用另一种方式来发挥"观察者"的作用，就能够做出改变。请记住，即使你背负着艰难的过去，也可以变得更加强大。下面我们要讲述安的故事，看看她如何改变痛苦与封闭的自我，敞开心扉，拥抱生活。

小时候，我就知道危险无处不在——危险的人，危险的地方。"小心谨慎"是我的口头禅。我曾就读于一所纪律森严的学校，它使我更加坚信这一点。社会生存是第一位的。随着时间的流逝，我的焦虑与日俱增。

周围的大人告诉我要控制焦虑。"别担心，"他们说，"冷静下来。"我明白他们的意思：我应该知道如何控制自己的焦虑。但问题是，我不知道。这对我来说是个谜。所以，当我感到焦虑时，我以为是自己有问题。多年以后我才意识到，我的焦虑让这些成年人感到焦虑，他们想逃避这种感受，因此他们希望让我的焦虑消失。

面对这个问题，我的选择是向焦虑宣战——我要证明自己可以征服它。我强迫自己去做那些令我恐惧的事情。我从事压力巨大的演艺工作，我喜欢这份工作所带来的挑战。如果我能在害怕的情况下完成某事，那么我就可以战胜焦虑，对吧？这样我就安全了，生活也会变得更轻松。我希望当自己面对这样的恐惧时，焦虑就会消失。但事实并非如此。此时我需要与

"观察者"站在一起。

我能接纳所有的情绪吗？不，我认为焦虑是敌人，它让我变得软弱。

我是否将自己的身体视为一个重要的信息传递者？不，我认为自己需要控制、支配或忽略身体及其承载的焦虑。

我是否选择了应对情绪的正确方式？不，面对恐惧，我只做了一些自己并不看重的事情。

生存成为我的生活方式，直到它使我崩溃。我感到疲倦，却无法休息，因为我还有太多东西需要去证明。然后，我开始生病，一开始只是偶尔生一次病，后来每隔一周就病一场，很快就演变成这周刚痊愈，下一周又卧床不起，这种循环令人筋疲力尽。恐惧和压力使我病倒了。即便如此，我仍然否认自己的症状，拒绝倾听身体向我报告的问题。我无法休息，躺在床上也会因恐慌而难以入睡，并且为即将到来的表演和任务心烦意乱。我对自己说："我会失败的。人们会认为我很无能，没有人想认识我。"

我就一直这样。

我否认自己的恐惧，然后我生病了，我推迟了工作。我与自己的身体脱节，也丧失了意义感。但我更加用力地鞭策自己。我不想成为软弱、脆弱、无助的人，我鄙视这样的人。

最终，我逃离了战斗。我需要停下来。我需要休息。我的身体拿回了控制权，它迫使我去倾听它的声音。

我开始专注于自己的身体。我的身体告诉我："慢下来——关上灯，去睡觉。"我花了更多的时间去倾听。我开始注意到自己的需求。我并不喜欢自己的生活，那些占据了我大部分时间的东西，比如努力登上戏剧舞台，对我来说并不重要。我开始意识到，我不在乎陌生人是否认可我。相反，我注意到，我开始享受那些无人注意或欣赏的微小时刻。比如和母亲聊家常，看着我的宠物公鸡将狗吓跑，和母亲在花园里劳作，感受阳光和温暖的大地。这些时刻非常重要。比起控制恐惧，我更珍视这些时刻。渐渐地，我恢复了活力。

● 你能否安静地倾听自己的"观察者"，听见身体的需求？

● 你是否准备好放弃与情绪做斗争，而为自己真正想要的东西而努力？

提高你的"观察者"能力

安的经历漫长而痛苦，但这段经历让她获得了成长。你也可以。无论过去的经历如何，你都可以提高自己的"观察者"能力。现在，我们将通过两个步骤，教你如何培养自己的

"观察者"。你将学习如何观察内在和外在。

观察内在

观察内在是改变你对内心世界回应方式的步骤之一，它也能帮助你接纳生活中的每一个时刻。研究表明，一些行为对培养"观察者"无益，比如控制情绪或关闭感受[5]。安的故事表明，对内心的觉知帮助她重新调整自己，从而走上通往价值的道路。研究表明，这种方式对你同样有效[6]。

如果要像安这样，叙述自己的经历，展示你因失败的控制策略，最终陷入困境的过程，你会如何描述？下面这些控制策略听起来是不是很熟悉？

- 通过社交媒体、互联网、电视或其他方法分散注意力。
- 用酒精、药物麻痹自己。
- 逃避那些让自己不舒服的事情。
- 试图计算好所有的事情，防止任何错误的发生。
- 过度思考，或反复琢磨解决方案。
- 伤害别人，比如批评别人或向别人发泄怒气。
- 伤害自己，比如暴饮暴食、嗜睡或自残。
- 过度工作，迫使自己更加努力。
- 放弃自己曾经喜爱的东西。

这些行为能让你获得暂时的解脱，但无法为你带来长久的快乐、活力或有价值的生活。观察内在才是更有效的方法[7]，它能帮助你了解自己的内心世界，让感觉来去自由，就像能量上下波动一样。那么，你是否为接下来的练习做好了准备？

与各种情绪和平共处

回想一个让你感到快乐的日常活动，比如与朋友聚会，阅读一本自己喜欢的书，遛狗等。

- 深呼吸。
- 让身体呈现出能够反映这种快乐的姿势。如果你发现自己在微笑，就让微笑停留在脸上。
- 留意自己在回想这一刻时的内心感受。观察你的身体变化、面部变化等。
- 为这种感受贴上标签——这就是快乐。将这种体验感留在心里。
- 停下来，呼气。动一动脚趾，然后释放这种感受。

现在，回想一个最近令你感到情绪低落或挫败的事情，比如与爱人争吵、过度劳累、收到意外的账单等。

- 让身体呈现出反映这种低落情绪的姿势。
- 保持一会儿，然后观察它在内心的分量。

- 为这种感受贴上标签——这就是悲伤。
- 就像对待快乐的情绪一样，让这种体验感留在心里。
- 现在，停下来，长呼一口气，呼气时发出"呼"的声音。观察脚下的地面。

这就是观察内在的练习——不需要复杂的技术，但实践起来却不容易。你可能想紧紧抓住快乐的记忆，推开悲伤的记忆。我们都会如此。然而，当你推开那些痛苦的经历时，需要进行取舍——为了关闭内心感受，你会花费太多精力，以至于没有精力去生活。如果你能让内心世界流动起来，就像在暴风雨中释放能量一样，你将获得更多活力，建立更牢固的人际关系，并减轻工作带来的压力[8]。当然，我们生活在现实的世界里，我们知道，了解自己的内心并接纳情绪的确不是易事。我们还需要练习。

回来，释放，刷新

回来

此刻你在这里吗？还是在思考、沉浸在回忆里，或者想解决一些问题。观察自己的思绪在哪里，然后对它说："回来。"回到你的呼吸上来。保持 10 秒。

释放

现在让我们来释放它。让肩膀放松下来，卸掉它所承担的重量。放松手臂，感觉手臂上的重量似乎减轻了。放松面部。观察身体内的所有情绪，然后让它们离开。让你的情绪随着每一次缓慢的呼吸离开身体。将它们释放到外面的世界。让情绪如水般流淌出来，穿过周遭的一切。让它们走吧，就如雨水从云中释放一样。

刷新

现在我们需要认识这种观察能力的神奇之处。看看周围，选一个你喜欢的东西，比如一种明亮的色彩、一株植物或者天空。留意我们沉浸于此的感受。请注意，你也可以描绘内在的愉悦之感：阳光洒在皮肤上的温暖、空气的温度、转动脚趾或放松肩膀的感觉。将这些微小的舒适感带入身体，让它们停留在体内。留意焕然一新的感觉，最后释放这种感觉。

> 感知身体的力量。你不仅能接纳积极的情绪，也能接纳消极的情绪，它们来来往往，随着呼吸让体内的能量流动。
>
> 观察内在，只是观察就好。

观察外在

观察外在可以帮助你提醒自己，活力来自与身体外部世界的联系。如果将自己与周围的世界隔绝，我们就会陷入内心的恐惧、思维反刍和控制中。观察外在是转变觉知和活在当下的行动步骤。通过练习，你可以与生活中的重要时刻和人建立联系。

观察外在大有益处，但也具有挑战性，因为我们习惯性地陷入自己的思维中。不过，不要放弃，通过练习，你会提高这种能力并逐渐发现它的价值。

让我们来解释一下它的工作原理。想象你和一个朋友在喝咖啡，他谈起自己的新老板，你看到他的脸上洋溢着热情。这就是观察外在。但你想到了以前在工作中打压自己的老板，不禁心烦意乱。现在你所有的注意力都放在了你的内在。你与打压你的老板在一起，而不是和朋友在一起。你几乎没有留意外界，你将生命的这一瞬间耗费在沉思上，对世界的关注微乎其微。你在想过去的霸凌者，懊恼自己当时的表现不够坚决。你在过去与自我批评之间来回切换。

与此同时，你的朋友和咖啡怎么样了？你隔绝了他们。然后你又开始担心自己没有听到朋友的对话。你给外部世界留下的空间非常小。

> ● 如果你不再需要与自己的内部抗争，生活将发生哪些变化？
>
> ● 你是否有时间运用自己的觉知？尝试专门留出一段时间，练习"回来，释放和刷新"。

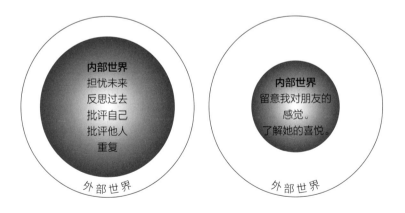

找回当下

当你与周围的世界失去联系，可以试试这个练习。

（1）停下来，呼气。

（2）如果此刻你独自一人，请将所有的注意力集中于可以看到或听到的外部世界的东西上。回到这个世界中来。

（3）如果你与他人在一起，观察正在说话的那个人，关注对方的表情和声音。保持好奇心，将身体前倾。

（4）对自己说："我存在于当下。"

观察外在，但不必太过苛刻，也没有必要自责。观察外在是一种回归生活与当下的能力。它意味着你将减少分心走神的时间，将更多的时间集中于你所关心的事情上。当然，你的注意力难免飘忽不定，但是通过练习，你可以改变，从而获得更高的生命力。

观察内在与外在

如果你能观察自己的内部世界与外部世界，对它们不加

以控制，那么你的生活可能会发生改变。练习暂停，倾听自己
与周围的世界。尝试几天后，看看自己会发生什么变化。

现在，你可以看到三种能力是如何协同工作的。每当你
产生需求或感到陷入困境时，可以逐一尝试这三种能力。你可
以利用"价值引导者"，关注自己看重的东西；你也可以启动
"建议者"并解决问题；你还可以走进"观察者"，摆脱死板
的"建议者"的束缚，或者放慢自己的脚步，这样你就不会对
自己的感受或当前的情况反应过度。

下图是对这些步骤的总结。

第 **4** 章　探索者：用行动进行拓展和构建

如何经历一生难忘的冒险：保持好奇，离开舒适区。

　　我们来到了最后一项能力，或许也是最不寻常的能力：探索。先来看一个日常情境下的探索案例。一天晚上，一个好朋友给你打电话。经过一天繁忙的工作，此时你正准备完成最后几项任务。你会怎么做？你是否会将自己的部分注意力放在他身上，然后让大脑的另一部分为自己的任务心烦意乱：我还有电子邮件要回复，我必须上床睡觉，我没有时间聊天了。或者，你做了一些不同寻常的事情：与其同时处理多项任务，不如尝试将注意力全部放在朋友身上，倾听对方的故事，和他一起欢笑。如果只将部分注意力放在朋友身上，你可能受"建议者"的驱动。你已经列出了任务，无论如何都要完成它们。但是，如果你尝试了一些自己通常不会去做的事情，例如为朋友腾出时间，那么你已经开始使用"探索者"了。

　　"探索者"能力是指在下列情况下，你会产生的觉知能力：当你陷入习惯性动作或不作为时——我今晚必须回复电子邮件，或者当你可以开启一个新机会时——我会喜欢这次聊天，它会让我重新振作起来。你可以将前者称为习惯区域，它既安全又熟悉。后者则是"探索者"区域，你可以在这里保持好奇，探索并寻找新的前进方向。有时你会养成好习惯，这为你带来正面影响，你也不需要改变它，比如在感到有压力的时候早点睡觉。但其他时候，你的习惯只是看起来有用。它会让你在短时间内感觉良好，但从长远来看，它会给你带来更多问题。大量饮酒就是一个典型例子。在结束了紧张的一天后，豪饮一场可能会让你感到放松，但从长远来看，它可能造成体重增加，导致抑郁和人际关系问题。另一个例子是拖延。你坐在那里浏览社交媒体，或许能暂时放松下来，但第二天当你醒来，积压的工作就会将你淹没。

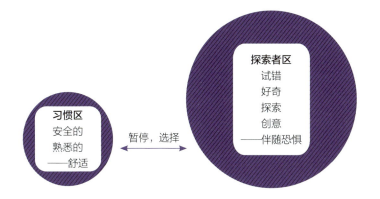

本章将帮助你审视自己的行为，并做出明智的选择。面对变化时，你的"探索者"能够提供帮助，因为它会让你尝试新的做事方式。生活总在变化——结束或开始一段关系，换工作，学习新技术，成为父母，孩子长大成人，或者与父母身份互换，成为他们的照料者。发生变化时，你可能会延续做那些也许不再有效的习惯性行为。可以肯定的是：只有改变行为才能得到新的结果。要发挥你的"探索者"能力，从新的视角去看待问题，采取新的行动，并从错误中吸取教训。

你的"探索者"会通过行动来创造有价值的生活。如果你感到自己遇到了难以解决的问题（例如巨大的工作量），那么"探索者"尤为重要。当你开始探索，你也会熟悉"探索者"的"伙伴"——对尝试新事物感到恐惧，但你对恐惧本身并不陌生。勇敢地踏进来吧。

了解一生中的探索经历

小时候，在大部分时间里你都是"探索者"。你会寻找新事物，接纳新事物，从而了解周围的世界——探索岩石下的东西，和新伙伴一起玩耍，大胆尝试。孩子对新技术的掌握充分体现了探索的过程。当新设备问世时，孩子们会学习它的使用方法，直至精通。他们没有太多的先入之见，只是按下这些按键，犯错误，然后从错误中学习。但是，如果要教自己的祖母使用新款智能手机，可能得花费大量的时间，还要解决很多后续问题。

探索使孩子们在某些事情上优于成年人[1]。孩子们有时会勇敢尝试，不怕尴尬。他们更擅长从各种迹象中发现不寻常的关系[2]，寻找工具的新用途[3]，记住与目标无关的信息，并对环境的变化做出反应[4]。随着年龄的增长，你可能会逐渐依赖"建议者"和已知经验，不愿改变自己的想法[5]。如果你也有这种情况，那么你需要稍微削弱"建议者"的统治力，让"探索者"在生活中发挥一点作用。

"探索者"的能力被削弱并不是你的错。听从"建议者"的自我对话是一种方便又快捷的办法。但是，如果你想创造活力和价值，突破舒适区，获得成长，那么"探索者"必不可少。在旅行时，你可以看到显著的区别。"探索者"会吸引你去体验："让我们沿着那条黑暗的小巷走下去，可能会发现有趣的商店。"你的"建议者"会说："不要走那条黑漆漆的胡同，可能有危险。"你看，"建议者"和"探索者"都是必不可少的，但有时它们会出现分歧。不知不觉中，你可能总是向"建议者"屈服，并养成习惯——拖着疲倦的身躯去工作，与爱人重复着同样无用的争论，走过场，很少尝试新事物。

如果不用"探索者"来发展精神和肉体，那么你不仅无法保持原样，还会开始走下坡路。如果不能通过重量给肌肉施加压力，它们就会变得更弱，功能越来越弱。如果没有挑战和新想法为自己的思维施压，那么思维也会变得迟钝和停滞[6]，甚至会增加患阿尔茨海默氏病的风险[7]。

当你面对变化却不知道应该采取什么行动时，"探索者"可以帮助你尝试不同的行动，直至渡过难关。如果你渴望成长，那么"探索者"可以引导你发挥创造力，采取新的行动，并且保持终身成长。

承认恐惧，它是"探索者"的伙伴

离开习惯区，以及做一些新的或不同的事情，也可以拓宽你的生活[8]。现在，"建议者"可能会说你不能这样做，所以让我们明确一点：探索行动可大可小——上一堂新的烹饪课，开始一项新业务，在工作中进行创新，学习一项新技能，换工作或结束一段关系。归根结底，探索就是走上一条不确定通往何处的道路。也许你新的经营理念会失败，也许同事会嘲笑你在工作上的创新，也许改变目前的人际关系将是你一生中最严重的错误——或许不改变的话，它只能算作小问题。变化是不可预测的，需要反复试错。因此，它会带来恐惧。

下面，安分享了一个很多父母都感同身受的困境，这是一个改变和恐惧并存的困境。你应该还记得，她在第 3 章曾谈到了过高的自我要求。在这里，你会看到过去的恐惧如何卷土重来，而她是如何通过探索来改变的。

生第一个孩子的时候，我想竭尽所能成为最好的母亲，但我也不希望放慢职业发展速度，或者使家庭生活的质量下降。我什么都想要。于是，我强迫自己每天提前到办公室，并且在空闲时间里举办全天的培训研讨会。结束一整天的工作后，我还要照顾孩子，一直陪伴在她左右，带着满满的爱和耐心，因为我认为"好妈妈就该如此"。夜里我经常要起床给孩子喂奶或哄睡。

我住在"僵尸之地"，完成一个又一个任务。我筋疲力尽，倦怠不已。然而，我的"建议者"依然坚持其严格的规则和期望。

直到一个清晨，我迎来了使我刻骨铭心的改变。那是一个平平无奇的早晨，改变就发生于一个微小的时刻。当时我与女儿坐在外面晒太阳。微风吹动了她的一缕头发。她察觉到了。在她短暂的生命历程中，她第一次注意到了风吹过头发的感觉。她咯咯地笑起来，四处张望，兴奋不已。

在那一刻，事情变得清晰起来。奇怪的是，这种感觉来自这样一个微不足道的事件，但它对我来说意义重大。我意识到了自己早就知道的事情——我想一直和女儿在一起。相比之下，其他事情都已经不重要了。

所以，虽然心怀恐惧，但我依然采取了行动。我取消了研讨会，并告知老板我要转为兼职。对我来说，重要的是和孩子在一起。我深知这一点，但我因恐惧而不敢直视内心的想法。我一直遵循"建议者"的安排。只有敞开胸怀，倾听内心的声音，知道什么东西对自己最重要，我才能进行探索。

我的选择显而易见，但减少工作时间让我感到焦虑。这是我从未有过的经历。我害怕自己变成无关紧要的人，也担心经济上的压力。这种变化带来恐惧感——我放弃了自己的事业，无法成为一个"能干的人"，这就好像我放弃了自己的一部分，但我选择接受这种恐惧，和女儿在一起。

这就是"探索者"的本质。你需要确认自己的价值，承认自己的恐惧，并甘愿承受它。这是学习和成长的必经之路。

三步成为"探索者"

成为"探索者"需要三个步骤，分别是探索你的渴望，大胆行动，以及通过反馈学习。现在让我们回归实践，讨论一些你可以尝试的东西。你可以通过三个步骤跳出困境，获得成长。

第一步：探索你的渴望

想象一个你可能喜欢，但从未做过的一件事。它正在等待你的探索。这件事是什么？造一辆车、烹饪一道新美食、学会瑜伽中的头倒立、写一本历史小说、学习一门新语言、参加冥想静修？什么都可以。下面是约瑟夫对自身渴望的探索。

我渴望在身体上挑战自己。我喜欢将自己逼到极限，看看自己的身体能做些什么。但是应该怎么做呢？骑行、慢跑、举重、远足、攀岩、游泳？我尝试过这些活动，但都没有激发我的热情。我想不出还应该尝试什么。

幸运的是，探索不需要依赖思考。有时它需要进行反复试错。在这个过程中，我们可能会在偶然间发现一些东西，然后说："嘿，我喜欢这个。"我就是这种情况。我想让儿子学习武术，这样他在学校就不会被欺负，所以我带他去上武术课。后来我也开始上课。很快我便发现，我喜欢武术。我发现练习武术的目的不是伤害别人，或是让自己变得无坚不摧。它是一种艺术，将速度、平衡与灵活性融为一体，转化为动态行为。它还教会我如何与恐惧和愤怒共存，保持尊严与冷静。

我的武术之路并不容易，每一步都让我感到难为情。在武术课上，老师会要求我们做一些练习，比如侧手翻、蝴蝶踢、地面翻滚和剑术。我总是感觉自己很笨拙，肢体不协调，体力也不及年轻人。但随着时间的推移，我的自我意识发生改变，我学会了接受身体的局限性，同时也在突破局限。

唯一遗憾的是，我在这个年纪才遇到了武术。

现在，回到你自己身上。你喜欢却始终没有参与的活动是什么？去想象，去幻想，思考你是否要尝试这项新活动，可能是演奏乐器、绘画、创办在线业务、创建社交媒体平台、参加五公里长跑比赛、品酒或者其他活动。

现在想象一下，你75岁才开始尝试这项活动。经过尝试，你发现自己非常喜欢它，但你享受它的时间已经所剩无几。

当你思考这个新挑战的时候，体会一下身体所呈现的好奇感。它带来了兴奋感还是恐惧感？深呼吸，思考这个新事物的可能性。

- 如果现在停止等待，开始尝试一项对你来说很重要的活动，你的生活会发生哪些改变？
- 开启探索的过程需要哪些条件？勇气？时间？还是其他东西？
- 深呼吸，让自己去思考这个新事物的可能性。

第二步：大胆行动

现在你已经做好准备，要利用自己的"探索者"迈出勇敢的一步。那么，进行探索的第一步是什么？打一通电话，还是上网检索？

迈出这一步。这一步需要勇气。正如威廉·福克纳[①]（William Faulkner）所说："除非你有勇气离开海岸，否则你无法游向新的视野。"对此，你说："啊，可我不够勇敢。"

---

① 美国文学史上最具影响力的作家之一，1949 年诺贝尔文学奖得主。——编者注

错。

勇气不是你拥有的东西。勇气是行动，它如下所述。

> 迈出你渴望已久的那一步。对自己说，我接纳恐惧和不确定性，这样才有更加美好的生活。我足够强大，可以承受恐惧和不确定性。

你可以变得"擅长"勇敢，甚至可以使其成为一种习惯。勇气不是承担无谓的风险或无底线地忍耐痛苦。勇气是敢于在生活中创造价值。大胆行动时总会伴随着一个问题：我愿意为了一些新的尝试而承受痛苦吗？

你的答案可能是"是的，我愿意尝试新事物"，或者"我不愿意"。没有人能告诉你什么是正确答案。有时你会说"我愿意"，有时你又会说"我不愿意"。两个答案都没错。只有你自己才能找到对你来说正确的事情。

有两种方法可以帮助你找到这样的事情。第一，你可以将勇敢的行动与价值联系起来。问问自己：这件事对我重要吗？如果你无法回答，你可能会说：不，我现在不愿意做这件事。请记住，没有人愿意做困难又毫无价值的事情。你需要通过做困难的事情来塑造有意义的人生。

第二种方法是选择迈出步伐的大小。你可以迈出一小步，也可以迈出一大步。选择"我愿意"的事情就像从低跳板或高跳板上跳下来一样——两者都在跳水。步子迈得小一点也没关系。例如，如果你想增加运动量，可以在早上增加一个五分钟的运动，甚至一个一分钟的运动。这就像从低跳板上跳水一样。当然，如果你喜欢迈大步，那就去做吧。

向自己的渴望大胆迈出一步

（1）如果你想变得更健康、更有活力或更健壮，你会怎么做？思考你可以做的几件事。

（2）如果你敢于学习新事物，你会学习什么？

（3）如果你能改变自己的行为，努力巩固当前的关系（朋友、家人、伴侣），你会怎么做？别着急，想象一下。

（4）现在，考虑过这一切后，你想尝试什么新行动？想象自己正在尝试这种新事物。

当你考虑接受新的挑战时，体会一下身体的感觉。它会带来兴奋感还是恐惧感？

● 承认自己的恐惧，大声说出来："这让我很紧张。"然后放松身体，呼吸。

- 注意"建议者"防御性的话语，例如"我做不到"。提醒自己，这些想法是正常的。
- 恐惧是探索的伙伴。提醒自己，恐惧终会过去。

下面的故事讲述了约瑟夫是如何选择自己的行动步伐的。

在开始学武术之前，我基本每天都久坐不动，也顾不上自己的身体。为什么会这样？我曾是运动健将，但现在身材已经严重走样。我必须做点什么。第一个想法是去健身房，但我发现这个想法让我感到焦虑。我"没有时间"。如果去健身，就会耽误工作。此外，我觉得在别人面前锻炼有些难为情。去健身房这一步对我而言难度太大。

但因为我重视健康，所以我选择从简单的行动入手。我开始每天在屋后的露台上锻炼 15 分钟，在这里没有人会看我。这是一小步，并且许多人会认为这种程度的运动微不足道。但这一步让一些有趣的事情发生了。我体会到了锻炼后的美妙感觉。白天的压力减小了，我也不会过度敏感了。这是探索的一个关键特征。你以新的方式与世界互动，会得到意想不到的结果。探索未必总是积极的。我可能会发现自己讨厌举重，但我可以尝试其他事情，比如慢跑。

经过几个月的 15 分钟锻炼，我感到很舒适，并意识到自己已经准备好再迈出一步了。现在，我愿意花更长的时间去运动。探索改变了我，看似"很费时间的事情"变得容易起来。

我准备尝试去健身房运动一小时。但我仍然对自己的体能感到不自信。我想象自己站在角落里，举起重量较轻的哑铃，而周围的每个人都盯着我看。因此，我降低了这一步的难度。我成了一家 24 小时营业的健身房会员，这样一来，我就可以赶在其他人之前开始运动。

成为会员的第一天，我在早上 5 点就来到了健身房，打开门，我的心跳就开始加速。健身房里挤满了身强力壮的运动员，他们正在认真且努力地锻炼。我以为这只是一小步，但现在它变成了一大步。这是又一步的探索。你可以继续采取大胆的行动，特别是当情况发生变化时。我必须做出决定：我是否愿意感受这种压力，继续健身？还是转身离开，假装自己走错了门？我选择走进去。这开启了另一个探索过程。我发现，在这个健身房里，我几乎是隐形的。没有人会盯着我或在意我。经过这次大胆行动，我开始更加积极地进行身体锻炼。

第三步：接受反馈

接下来是关键的第三步。将你的行动与价值联系起来，而不仅仅是追求一瞬间的感觉良好。你可能不会立刻得到反馈。也许你只有在这项活动上投入一定的时间后，才能知道它对你是否重要。例如，学习吉他的头几天可能很无聊，但这并不意味着你最后不会喜欢上吉他。反馈也可能来自其他人。例如，如果你在工作中拓展自己，就可能会得到关于成长的反馈，但请记住，无论反馈是积极的还是消极的，都要坦然接纳。通常情况下，你的反馈来自内心。当你开始在家里有规律地进行锻炼，或者开始拥有一项新的爱好，比如园艺时，你会考虑这项活动是否为生活提供了意义和能量。

这一切都需要勇气。反馈未必总是显而易见的。下面是路易丝的故事，我们可以看到她是如何接受反馈的。

这次会议的茶歇占用了酒店的整个大堂。数百人乱哄哄地挤作一团，互相问候、拥抱，谈笑风生。每年这些与会者都会聚在一起，许多人已经成为朋友。

我看着这样的场面，感觉自己像个局外人。我看到了他们彼此之间的联系。他们的热情向四周辐射，这让我更加焦虑。我既想留在那里，又不想待在那里。在会议上进行社交，或者午餐时间在大厅里相互交流——对我来说，这一切都很难。我拿着盘子环顾了一下房间。人们三五成群地聊天，或坐或站。这种未经组织的活动让我感到自己很脆弱，并且失去了控制权。

我不能一个人站着。我要么和某个人一起坐下，要么躲起来。

我是一个内向的人。我不断想着如果我能待在家里，和我的花园、家人还有小狗在一起，该有多好。

我喘了一口气，走到一个人面前，他们看到了我，于是我开始自我介绍……

在几十年里，我参加了很多次这样的会议，如今回顾这些经历，我知道每个人都是这样开始的。每年我都接收会议而不是我的社交焦虑带来的反馈。每年参加会议让我逐渐积累了经验。我知道一两天后，我会克服紧张。我会和很多人打招呼，找到自己的节奏，度过愉快的时光。我会庆幸自己留了下来。

现在我也知道，自己永远不可能控制或消除社交焦虑的情绪，但我可以适应它。关于焦虑，有一件有意思的事情：我被选为该组织的主席。你认为这会使社交焦虑消失，对吧？错。情况变得更糟了！

明年也会一样。我会再次感到焦虑。但我的内心告诉我，这是值得的。

从内心寻求反馈，改变了我的生活。

你可以将探索融入每一天，寻求反馈，然后重新开始。这是通过行动改变生活的关键。探索会带来好奇、活力，创造生活的意义，因为它开启了价值驱动的人生。每天你都可以尝试新事物。不要害怕失败，失败是通向成功的必由之路。请记住，勇气和意志与你同行。勇气不是毫无意义的冒险，而是指你足够勇敢，并且坚定地相信自己的能力，应对生活中的一切，同时它也需要一定的冒险，这会引导你过上有价值的生活。

意愿是指不以感觉为基础，而是以道路的方向为依据采取行动。坦然地接受结果并接纳变化。

进入你的"探索者"区域

现在，你已经做好准备，发挥所有 DNA-V 能力来应对变化和挑战。在进行每一天的日常活动时，留意那些让你感到安全的、可预测的事情，并考虑在这些时候进入"探索者"区域是否对你有所帮助。

我们将所有 DNA-V 步骤组合在一起，形成最终的模型。

第 2 部分

成为更强大自己的方法：
审视自我，建立内在力量

> 自我就是你，你就是改变。

在前几章中，我们讨论了如何使用 DNA-V 模型来应对变化，并学习如何改变自己的生活。现在我们将进一步深入。接下来的五个章节我们将从五个方面来构建自我——脆弱、无限、关怀、成就和深刻的觉知。你将审视自我的变化——你认为自己是谁，你如何看待自己，以及你如何改变。DNA-V 模型将帮助你实现自我成长。

你的自我
不仅是一具或年轻或衰老的肉体，
也是一颗因情感而跳动的心，
是蓬勃的气息，
它绽放于脆弱。

你的自我
不是你所谓的"我"，
"愚蠢"或"软弱"之词不能代表你；
它超越语言，
它无所限制。

你的自我
是过去和现在的融合，
自由的灵魂，
将朋友之爱释放，
它因关怀而成长。

你的自我不会静止，
期待，尝试，失败，然后再尝试，
磕磕绊绊地走向成长，
走向终其一生的渴望，
它终将有所作为。

你的自我是觉知，
在温暖的日子里感受阳光，
看到自己，感知呼吸，
放慢心跳的节奏，
它是深刻的觉知。

第5章　脆弱的自我

带着压力应对脆弱，生活则好似一场场接连不断的突发事件。切断与脆弱的联结，生活则会只剩下逃避。唯有恰到好处地应对脆弱，才能让生命绽放。

路易丝分享了自己与脆弱的故事。

"把你的盘子收起来。"我说。

"你为什么这么生气？"儿子问道。

"我没有生气。我只是让你把盘子收起来。"

"你生气了，你这几天一直在生气。"

我沉默了。

他继续说："为什么不能谈谈那些困扰你的事情？你对那些只字不提，只是对盘子或其他我应该做的事情生气。到底怎么了？"

也许他说对了？我的心跳加速，全身紧张起来。我想争辩。我有权利感到不安。但我知道这场争论的结果如何，所以我保持了沉默。

前一刻我还在洗碗，下一刻，我的全部历史便都在厨房水槽边的争论中浮现出来。你是否注意到事件会迅速升级？而且这种争论通常发生在你与亲近的人之间，比如伴侣、孩子、父母或其他你关心的人。也许你和我一样，并且这场争论的根源并不是盘子，而是压力与不公平的待遇。这样的争论可能是因为过度工作、疲劳和倦怠，也有可能是由过去受到的误解积压在一起，那些伤痛蔓延开来导致的。你的压力通常会留在身体里，并且它对意识中的理性部分可能毫无意义。脆弱往往会带来极端的反应，比如战斗、逃跑或撤退。如果你发现自己反应过度，或许可以换一种尝试。

在本章，我们将探讨如何了解自己，并保持情绪上的稳定以面对压力的变化，关爱自己，建立真实的联系，获得成长。大胆行动的第一步，是意识到脆弱是正常的，它并不代表你是软弱的，你也不需要与这种感觉做斗争或为此自责。人类天生就会感到脆弱，对于过去的创伤或逆境难以释怀[1]。正因如此，你的过去会涌入当下，令你感到痛苦和困惑[2]。你需要知道：不必抹除过去，你也可以在经历痛苦后幸福生活。人生总会有失败，你可以自我滋养。即使生活中有悲伤，你也可以继续活下去。我们将为你的这段旅程提供帮助。

三种应对危险的模式

人类经过进化，可以通过生理和社会反应来应对压力源，从而继续生存下去。这些生存反应是天生的，所有的社会性哺乳动物都具备这种能力。以猴子为例——它是与我们关系紧密的一种哺乳动物，由此你可以进一步理解生存适应。你会明白自己的身体和大脑是如何应对风险的。

猴子天生就能感知风险，并像人类一样做出反应。察觉到威胁时，猴子的第一反应是向自己的亲族寻求保护。如果其他猴子前来救援，它们就会平静下来。如果其他猴子不帮忙，它们的身体就会分泌大量肾上腺素，准备战斗或逃跑。逃跑通常是首选，因为与战斗相比，逃跑更加容易。但是，如果危险看起来不可避免，它们就会采取最后的方法：僵住，蜷缩成一团，停止身体活动并且装死。最后，这道防线可能会让攻击者转向更加活跃的猎物[3]。虽然战斗、逃跑和僵住反应对生存至关重要，但它会削弱猴子的斗志，因此，如果一只猴子无须经常面对这些高压情况，它就会快乐地茁壮成长。

现在，轮到你了——人类。你生来也有同样的适应性反应。在婴儿期，如果你感到不安全，可能会伸出双臂，大吵大闹，或者哭着要人抱起来。换句话说，你会向亲族寻求帮助。如果没有立刻得到支持，你会做出压力反应，增加筹码——更大声地哭闹。最后（我们希望不会发生这种情况），如果始终没有得到任何安慰，你可能会陷入封闭状态，变得麻木，反应迟钝。你的生理和社会反应都以这些本能为基础，但它们又会受到你经历的影响。

> 我们的身体和思维经过进化可以检测到压力，并做出应对，从而生存下来。

随着年龄的增长，你会获得更多知识，做出更加复杂的回应，但这些都建立在基本的反应模式之上。它们不会彼此取代。你现在可以用一个巧妙的玩笑来回击一个霸凌者，即使负责生存的部分仍然想进行战斗或逃跑。你的身体和大脑将继续使用快速应对系统。如果你在一条黑暗的小巷看到一个陌生人正在靠近，你的大脑和身体会迅速将应激激素释放到血液中，你会呼吸急促，心跳加快，听力变得更加敏锐，身体做好战斗或逃跑的准备。这一切都发生在你用意识来处理正在发生的事情之前。你对危险的社会反应可能是尖叫求救，并且回到家后，你还会向朋友描述当时的情况。

纵观历史，我们看到人类在孤立时是弱小的。如果处于合作的群体中，共同狩猎和防御，人们就会变得强大。你之所以成长为现在的样子，是因为其他人帮助了你，所以你的社会关系始终很重要。然而，其他人如何帮助你，这一点也很重要。你的社会经历是否使你更好地应对生活？

负责学习的生物系统

学习可以改变你的身体和大脑对压力源的应对方式。在婴儿时期，如果周围的成年人都能积极地回应你、安抚你，将你抱在怀中，那么你在探索世界时会有安全感。随着时间的推移，你开始观察家人和朋友如何应对他们的压力或脆弱。如果你看到的是平静、包容和信任，那么你可能会模仿，并对世界和他人产生信任感。

但是，如果你体验到的不是温暖和安全呢？如果在你的成长过程中，周围的成年人全都忙忙碌碌，承受着巨大的压力，过度工作，疏忽大意，甚至饱受精神创伤，那么你会变成什么样？或许你会一直处于警觉状态，难以冷静或保持平衡。你会深深地感到，没有人能帮助你——你孤立无援。

路易丝就在这样的环境中长大，她分享了自己的成长故事。

我透过门缝向外偷看，醉酒的父亲在走廊上蹒跚而行，大喊大叫，如精神错乱一般。他拉开厨房的抽屉，将刀子扔向空中。

　　我赶紧躲了起来，用粗糙的毛毯盖住脑袋。我缩成一团，希望自己能够消失。别人看不见我，只能看到一条毛毯。

　　回想起来，我在那间厨房里看到了家庭暴力和代际创伤的延续。我的父亲是一个酒鬼，童年时期被忽视与贫穷给他造成了严重的伤害。他在大厅里步履蹒跚，不仅受到酒精的影响，还因为他有一条腿存在畸形，那是小儿麻痹症所导致的后遗症。十几岁的时候，他愤怒地抨击世界。他被送进一家青少年改造学校，那是一个严酷的地方。在一个寒冷的冬夜，父亲逃出学校，这事还登上了报纸——一个少年蜷缩在羊舍里，警察朝他开了枪。第二次世界大战期间，因小儿麻痹症而萎缩的那条腿使他无法服役。他被视为懦夫。他的情感创伤是那样深刻，而酒精又加剧了这些创伤。他满腔怒火，攻击周围的一切，殴打我的母亲和弟弟。

　　我的母亲生育了 6 个孩子，她像战士一样战斗，阻止我们被送到福利院——这是我在家里经常听到的威胁。

　　我不知道在我小的时候，母亲在哪里。我对她的存在没有清晰的记忆。我知道暴力对她造成了巨大的伤害。她始终处在焦虑中，直到几十年后离开人世。

　　孩童时期，我的世界危机重重，没有人关心我。我知道其他人都不可信任。我养成了不屈不挠的独立性格，受过创伤的人都会如此，但这并不利于成年后亲密关系的建立。

　　回到当下。我正对那些还没洗的盘子反应过度。

我知道这是怎么回事，无休止的争论毫无作用。

我一言不发。

冲突一触即发，那种脆弱让我立即警觉起来——警铃大作。但是，我不需要重复小时候的行为，我不必逃跑。这需要大量的练习。我需要撤退，让自己恢复平静，然后重新与价值建立联系。我运用"观察者"能力去觉知，尝试包容和接纳。我练习冥想。我一直在努力。通过一次又一次的练习，我可以更加容易地保持镇定，只需采取最简单的行动，去展现脆弱，去倾听而不是防御。作为回报，我得到了爱。

我们可以改变。坚信这一点。永远不要忘记，你可以改变。

你今天的生活已不仅与你主要养育者的生活方式有关，也与你的性格有关。此外，你与大家庭、托儿所、老师、朋友和学校等对象建立广泛联系的经历也对你今天的生活有一定的影响。假设你很幸运，童年时期得到关爱，身边有很多善良、有爱且优秀的榜样，你现在的生活将会怎样？在这种情况下，你或许能够在紧张的时刻做出冷静的应对。相反，如果你的早期经历充满了高强度的压力，那么你也会学习这些行为。因此，我们才会对一堆脏盘子反应过度。

身体平衡法

现在，你需要根据自身情况，判断你需要在哪些方面做出改变。你对压力源的应对方式是生理与学习的结果。生活中的每一件事，无论大小，都会产生影响。如果你现在 30 岁，也就是说，你已经度过了 10950 天。想象一下，在这些时光里，你遇到并应对了多少压力。

想一想，当你感到有压力或脆弱的时候，你会做什么。你可能发现，自己很容易产生超出预期的强烈反应。不要绝望。你有改变的能力，它远远超出你的想象。但你需要提醒自己一个关键点——只能通过加法学习，不可能减去或抹除过去习得的东西。如果你能完全忘记过去，那么你也有可能忘记危险在哪里，这不是生存之道。在你的生命中，过去的篇章已经写就。你无法改变历史，但你可以展望未来，写下新的篇章。

写下新篇章的第一步是自我认识。思考整个自我——身体、情绪、大脑和历史——如何结合起来，应对挑战与变化（表 5-1）。

表 5-1　应对变化、不确定性或意外事件时的反应

压力	平衡	封闭
1. 你的心跳加速，你感到呼吸困难或急躁。 2. 你经常会产生强烈的情绪。 3. 你很容易生气、与他人争论，或者认为必须为自己辩护。 4. 你对问题过度思考和思维反刍。 5. 对于那些不会干扰他人的事情，你会感到焦躁不安。 6. 你在嘈杂或忙碌的环境中会感到焦躁不安	1. 你有精力去应对生活中的挑战。你有成长的空间。 2. 你会通过立足当下、正念或自我滋养来照顾自己，或者你有办法安抚自己。 3. 你可以解决问题，进行有帮助的自我对话，按照自己的方式解决问题。 4. 你对生活充满好奇，会做一些有趣的事情。 5. 你会向他人寻求支持和帮助，从而与他人建立联系。 6. 通过与他人相处，你可以恢复平静，积蓄力量	1. 你感到不知所措、羞愧、绝望、受困、沮丧或麻木。 2. 你觉得做任何事都缺乏动力，提不起兴趣。 3. 你感觉好像游离于自己之外，或与外界脱节。 4. 你封闭自己，沉入自己的内心世界，切断与他人的联系。 5. 时刻保持警惕，担心遭到背叛或遇到危险。 6. 你生活在有虐待的、有暴力的或不可预测的环境中

　　这些模式是不是很熟悉？让我们来看一看，从平衡模式转变为压力或封闭模式后，你的身体和大脑内部会发生什么。首先，请记住，你的神经系统总是想方设法地让你保持冷静以及与外界的联结（这被称为稳态）。为此，副交感神经系统会让你获得休息和他人的支持——我们称为平衡模式。

　　当你感受到威胁时，战斗、逃跑或僵住反应（交感神经

系统）开始占据主导地位，你心跳加速，肌肉紧张，呼吸急促，充满动力——我们称为压力模式。例如，你看到一个人在购物中心愤怒地大喊大叫，你感到紧张，于是离开了那里，并去了一个安全的地方。当你安全离开时，副交感神经反应会启动，你的心率和呼吸会平缓下来，你会感到平静，你的精力从逃跑转移到身体的成长和再生——你重新回到平衡模式。

如果遇到严重的威胁、可怕的情况，或者过去曾遭受创伤，那你可能会封闭自己或僵住。此时，身体通过副交感神经活动做出反应，你会麻木或僵住[4]。例如，看到一个人在商场里愤怒地大喊大叫，你感到害怕，可能会僵住，或者产生身体麻木甚至解离的反应。封闭自己的形式也包括抑郁和无法活动。

交感神经系统和副交感神经系统都没有赢得这场竞争。你的心率不断波动，心跳时而随着交感神经系统的激活而加速，时而又随着副交感神经系统的激活而放缓[5]。就像一辆汽车，压力模式是过度踩下油门踏板，封闭模式是过度使用刹车，平衡模式则是有效地使用两者，向你重视的东西驶去。

当副交感神经系统与交感神经系统都对环境变化做出响应时，平衡就会产生。它可以通过心率来体现，心率不是静态的，它会不断地变化，为任何情况做好准备。研究证实了心率变化的意义。心率的变化能力越强，压力越小，自我控制能力也就越强，因此更能做出明智的选择，过早死亡的概率也会

变低 [6]。

请记住，你的反应与逻辑和大脑中的信念无关，它受到身体和大脑感知的影响。你能感知危险——它的任务是快速发现风险，做出响应，让你回到安全的地带 [7]。感到有压力或封闭自己都不是问题。如果你持续处于压力和过度反应中，或者总是感到无所适从，那么你将会渴望发生改变。

练习平衡

现在你已经做好准备来学习获得平衡的两个步骤。

第一步：评估你的应对模式

请先评估你自己的做法。

压力：回顾表 5-1 中有关压力模式的 6 个描述。有几条描述符合你的情况？如果其中的大多数描述都与你的情况相符，表明你正承受压力，需要采取一些行动来恢复平衡。你的"建议者"可能会尝试通过过度思考来解决问题，"观察者"注意到强烈的反应——焦虑、恐慌、愤怒、沮丧或易怒，"探索者"使用习惯性的应对方式，比如过度工作、抨击他人、喊叫、摔门或逃避这种情况并躲避起来。所有压力行为都会消耗大量精力，让你筋疲力尽。你没有足够的精力去追求价值和活力。如果你将过多的时间花在压力模式上，就难以变得更加强

大，因为你将过多的精力集中于生存，而不是生活。不必因此
自责，我们都需要通过练习使自己变得更好。

平衡：如果你的情况与平衡模式的描述大致相符，那可
真了不起。你可能付出了辛苦的努力才得以保持平衡，请继续
保持！

封闭：在这6条描述中，有几条与你的日常情况相符？如
果只有少数描述符合你的情况，那么就可以转到第2步，练习
觉知和平衡。但是，如果大多数的描述都与你的情况相符，那
么你现在可能身处困境，或许你曾遭受创伤。研究表明，大约
70%的人都经历过某种形式的创伤[8]。也许它是像车祸一样的
一次性事件，我们可以随着时间的推移逐渐恢复。但如果曾经
经历过虐待、忽视或创伤，那么在没有帮助的情况下，你将很
难融入当下的生活。经常封闭自己往往意味着你可能需要考虑
寻求专业人士的帮助。情绪困扰不是你的错，也不是天生的弱
点。你不应受责备。

第二步：恢复平衡

无论使用哪种应对模式，你都可以通过恢复平衡的行动
进行自救。平衡通常是获得健康和幸福的口号。但在讨论平衡
时，我们关注的是一种有关变化的科学概念，它可能发生在生
理层面上。从表面上看，平衡意味着自我照顾，并与他人建立
联系。但在更深的层次上，平衡涉及对副交感神经系统的激

活，并且使人更加平静、心理更加强大。在必要的时候，比如突然感到压力时，你还可以激活交感神经系统，并在压力消失后再将其关闭。

当你恢复平衡时，免疫功能也会得到改善 [9]。你在提高与他人相处能力的同时，自己也会感到享受。你甚至有可能释放更多的催产素，这种激素能够提高你与他人交往和联系的能力。平衡是一种成长型的应对模式，可以提升活力和价值感。

练习这些平衡能力有助于你的成长。

通过发挥"观察者"的基本能力——观察内在与外在（第3章），提升你的平衡能力。试着练习及时觉知自己陷入压力或封闭模式的时刻。此时你需要停下来，缓缓呼气，说出自己的感受（例如，我现在很沮丧）。然后观察内在，使自己立足当下——感受放在地板上的双脚，动一动脚趾，放慢呼气的节奏。如果感到有压力，感知外在可以带给你的力量。为此，你可以放慢自己的节奏，充分觉察你能看到、听到、触摸到、品尝到和闻到的东西。与那些能够抚慰你的事物建立联系，例如你的宠物、音乐、瑜伽、浴缸、户外散步、一杯茶、运动等。任何事物都可以，但你需要知道哪些事物对你有帮助。

寻求帮助与建立联系

在压力模式下，我们渴望与他人建立联系，并被他人倾听。联系对人类而言至关重要。如果你感到有压力，试着先联系你关心的人，向他们寻求帮助。和你信任的人在一起，展现你的脆弱，提醒自己，需要别人的帮助并不是软弱的表现，而是人之常情。

关心他人是一条双向道。研究表明，对他人的付出可以在一定程度上提升自己的幸福感[10]，并且有助于心理健康[11]。

停顿，重置，计划

面对压力事件，你可以采用"停顿—重置—计划"流程：

（1）**停顿**。停下所有的事情。悠长而缓慢地呼吸，同时关注自己的呼吸。尽量不要改变吸气的速度，只将呼气的速度放慢。

（2）**重置**。如果可以的话，花几秒钟的时间眺望远方。如果可以的话，看一看天空。

（3）**计划**。用你的价值或活力来提醒自己。现在，我想……

为了进一步建立身心的平衡，你需要采取行动，改变生活方式和环境。首先，调整睡眠、饮食和运动。这三项对于保持平衡至关重要。研究表明，睡眠、饮食和运动都可以减轻压力，促进生理平衡，减轻体重，提高幸福感，并有助于长寿[12]。如果将自己视为一个需要悉心呵护的生态系统，你就能理解其中的奥义。

> 你的身体是一台灵敏的仪器，通过运动、睡眠、健康的饮食来悉心呵护它，它就会指引你找到意义与快乐。

找到缓解压力的新方法。让自己和他人一起，带着好奇与同理心去解决问题。涉及你的"建议者"时，要小心那些会让你停滞不前的想法。如果自我对话的声音太大，你需要启用"观察者"，先通过练习让身体平静下来。然后，灵活地应对自我对话。最后，以关怀的心态来对待自己（见第 7 章）。必要时让自己安静地独处。善待自己。提醒自己，你是一个完整的人，没有破碎，你可以恢复平静。

练习重新平衡你的具身自我

我们用平衡木的插图来总结本章所提供的行动步骤。在一天当中，与自己建立联系，观察正在发生的事情，然后采取一些微小的行动,让自己重新恢复平衡。你可以将这张示意图放在某个地方作为提醒。

评估并再次平衡你的具身自我

寻求帮助与建立联系

放慢呼吸,立足当下,保持正念

与有帮助的"建议者"对话,调整睡眠,有规律地进行锻炼

压力:心跳加速,气喘吁吁,烦躁不安,强烈的情绪,快速反应,防御,过度思考,焦虑不安,感受到压力

封闭:不知所措,羞愧,绝望,受阻,抑郁,麻木,丧失动力,与自我脱节,与他人切断联系,时刻警惕威胁

第6章 无限的自我

你的想法不能代表你的全部。你不能被词语定义。你是无限的。

社会和其他人经常告诉你，你是有限的。但他们是错的。有证据表明，限制通常是自我强加的，而非真实存在的。例如，你可能听说过智力受遗传的影响，无法通过后天的努力来提高。但现在有明确的证据表明，一个人的智力可以后天提高[1]。作者之一的我——约瑟夫就是一个例子。高中时我需要上补习班，还被别人视为笨蛋，但最后我考上了大学。如果我之前相信了别人的评价，就不会尝试自学。还有一个错误观点是，基因决定命运，你不可能改变基因。然而，现在有明确的证据表明，我们可以开启和关闭基因[2]。最后，你学会了自我怀疑，并设置"切合实际的"限制。人们会问："你有什么资格做大梦呢？"但研究表明，如果心怀希望与远大理想，你所取得的成就往往会超越你在自我怀疑时的想象[3]。

本章将帮助你挣脱自我强加的限制。意识到自己的标签，是迈向自由的第一步。你给自己贴了哪些可能会造成限制的标签？你是否会用强大、软弱、男性化、女性化、懒惰、外向、年老、年轻、有创造力、神经质、衰弱等标签？你可能有很多标签。我们会让你看到，标签的多少并不重要，它们代表了肯定还是批评也不重要。当你意识到标签的存在时，它们就开始失去作用了。

问问自己，你的标签是否促进了成长和改变？标签常常会成为一个陷阱，阻碍你的前进和成长[4]。例如，假设你确信自己已经老了，当你给自己贴上这样的标签时，你会怎么做？你会认为自己不能再做那些只适合年轻人的事情。例如学一门新语言、搞研究、培养新的爱好、参加一项运动等。现在，你只要说自己老了，就会表现得更加衰老。不知不觉间，你会点击有关步行手杖而不是徒步旅行的社交媒体链接。很多标签都会让你陷入这样的困境，例如，不够好、衰弱、不够聪明、不可爱、无能。

要想获得成长与改变，你需要意识到自己的标签陷阱，然后逃离它们。我们可以通过一个比喻来理解这个观点。曾经有一种诱捕猴子的残酷方法：捕猎者将香蕉放在一个开口很小的大罐子里。猴子可以伸手进去抓住香蕉，但它无法将香蕉从狭小的瓶口中拿出来，它的手会卡在罐子里。只要放开香蕉，猴子就可以挣脱，但它不会放手。同样的事情也可能发生在人类身上：我们的"建议者"坚持一个标签不放手。此时"建议者"无法提供帮助。

- 你是什么样的人？

你的答案中的标签能否定义你？

- 你擅长什么？不擅长什么？

你被哪些标签或描述所困扰？

下面是约瑟夫的故事，他讲述了自己陷入困境并最终获得自由的过程。

十几岁的时候，我努力争取父亲的尊重。在我很小的时候，他就与我的母亲离婚了，母亲抛弃了我们，于是他不得不承担起照顾我的责任。他对此愤恨不已，对我也充满了憎恨。父亲非常严厉，并且极为挑剔，几乎从未给过我好脸色。

他经常贬低我的智商，试图让我相信自己很蠢。于是，我开始害怕愚蠢，以至于我的人生被贴上了"愚蠢"这个标签。

我不希望"我很愚蠢"变为事实。当然，那时候我并不了解 DNA-V 模型，所以不知道如何摆脱这个标签。

相反，我与愚蠢做斗争，结果一无所获。我和父亲就智力问题无休止地争论着。我试图用自己的"建议者"来对抗他的"建议者"，以此证明我是聪明的，但毫无效果。我的"观察者"时刻处于警戒状态，警惕父亲的情绪信号。当他心情不好时，我会尽量避开他，因为这是一个危险的时期，他会试图让我陷入困惑，并感受到自己的愚蠢。我发挥"探索者"能力，在学校里惹出不少麻烦，因为我想反抗父亲和所有认为我愚蠢的成年人。

最后，我从大学顺利毕业，获得学士学位，后来又拿到了博士学位。两个都是心理学学位，与父亲成了同行。一路走来，我一直在和"愚蠢"做斗争。我必须获得比父亲更高的学位，只是为了向自己证明，他是错的。

渐渐地，我意识到，自己生命中的大部分时间都在逃避两个字：

愚蠢。

我常常想，自己究竟花了多少年的时间来逃避这两个字。

大约 10 年前，我终于放弃了与愚蠢的斗争，将精力投入自己喜欢的事情上。我开始学习钢琴，提高篮球的跳投技术水平，提升格斗方面的身体技能，并帮助底层青年。我很晚才开始这些活动。如果不是忙着让自己显得"不愚蠢"，我想也许我可以练习 DNA-V 技能，成为一名钢琴家，或者从事身体健康方面的工作。谁知道呢？过去的已经过去，而现在就在眼前。现在，我坚持一个想法——我还有时间去追求更加美好的生活。

如果你能意识到自己的标签陷阱，你就会发现，只有摆脱标签才能获得自由。当然，这需要练习，因为我们的"建议者"就像那只猴子。通过实践，你可以撕掉标签，看到无限的可能，为成长和改变做准备。

撕掉标签，你究竟是谁

约瑟夫："我既不愚蠢，也不聪明。"

这是什么意思？

"愚蠢"和"聪明"是形容词，但它们不能代表我。当愚蠢和聪明能给予我帮助的时候，它们就是工具；当愚蠢和聪明不能给予我帮助的时候，我就将它们放在一边。有时，比如在做运动的时候，我会犯错，然后我会对自己说："这太愚蠢了。"这可以激励我改进。其他时候，我对自己说同样的话，只会令自己陷入沮丧。因此，在这些时候，我需要将它放在一边。

我可以选择如何使用标签，但它们不能定义我。下面让我们来看看这些标签的作用。

对自己重复下面这些以"我"为主语的句子，并且记住这里的每句话都是真实的。

你不能被标签定义

我是强大的。

我是软弱的。

我感到焦虑。

我感到平静。

我喜欢与他人在一起。

我喜欢独处。

我很坚强。

我很脆弱。

你是否注意到，有时候积极与消极的词语都适用于你？你是否注意到其中的矛盾？你怎么会既强大又软弱呢？

其中任何一个词语都不能定义你。当然，有时你可能很强大，有时又可能很软弱，就像有时候你积极社交，有时又渴望独处。这些标签描述了你在某个时刻的体验。你可以让这一刻过去，然后再体验其他东西。但是，当你给自己贴上标签时，你似乎就等同于这个标签。

"观察者"视角：寻找安全的港湾

我们要介绍一下自我观察，它能帮助你摆脱因无益的自我定义而产生的"受限"的感觉。无论你正在哪里阅读本书，请看看你能否意识到，你的一部分能看到自己正在阅读。你能想象自己正在阅读的画面吗？也许你以某种姿势坐在椅子上，可能是靠在椅背上，也可能是笔直地端坐。看看你自己。这就是自我观察——你已经与自己的"观察者"建立了联系。当你想摆脱标签的时候，请与你的"观察者"建立联系[5]。

在上一个练习中，当你想到强大和软弱等标签时，"你"的一部分正在观察自己的想法。你想象自己很强大，然后再想象自己很软弱。将标签贴上去又撕下来，但你依然在那里。你是"观察者"，而不是标签。这体现了一个重要事实：你足够强大，能够保留并观察自己的全部标签。与你的"观察者"建立联系，它会让你意识到这一点。

你知道这种"观察者"视角是如何帮助你摆脱争夺"正确"标签的斗争的吗？标签并不能定义你，所以没有必要去抵制"懒惰"等负面标签，也没有必要坚持"才华横溢"等正面标签。观察这些标签，就像观察路过的广告牌上的标志，这样一来，它们就无法束缚你。

下面是一个与自己的"观察者"建立联系的小练习。你需要专注于人人必经的变化：衰老。你将应用所有的 DNA-V 技能来体验衰老的过程。

练习转换视角

● 将自己想象成医院里的老人，坐在床上准备接受一台大手术。想象自己现在就在那张床上。

● 利用你的"观察者"，想象自己躺在医院病床上等待手术的感觉。你的身体会出现什么反应？恐惧？焦虑？身体的哪个部位产生了这种感觉？你能否看到自己是那个正在观察感受的人？这些感受并不能定义你，你没有必要给自己贴上焦虑的标签。

● 当你看到自己躺在医院病床上，"建议者"会产生什么样的想法？观察这些想法。也许你在想"我老了，我很虚弱"之类的事情。你只需要观察那些想法。

● 现在转移到"探索者"视角，看看你在医院的病床上可以做什么。为了这个练习，想象你变成了一个外向和健谈的人。你在和护士开玩笑，和亲人聊天。观察自己在这一刻的外向表现。这并不意味着你会一直保持外向。这只是一个标签。

你只是从观察自己的感受转变为观察自己的想法，进而转变为观察自己的行为。你还是你，只是转换了视角。有一个"你"正在进行观察，这个"你"不会被你的想法、感受或行为所局限。

你并不等同于"焦虑"或"恐惧"。"你"拥有这些感受，并观察这些感受。感受不能定义你。

你知道如何进入"观察者"视角吗？当你陷入自我批评的时候，停下来，退后一步，观察自己的想法、感受和行为。提醒自己，标签或概念并不能定义你。你一会儿是正在行动的人，一会儿是正在观察的人，一会儿又变成为自己提供建议的人。连接你的"观察者"视角，你会发现，任何词语都无法代表你自己。你是无限的。

小心正面标签

当你想要摆脱负面的、自我限制的标签时，你要站在"观察者"视角。接下来我们要讨论的内容可能会令你吃惊。你也需要站在"观察者"视角，摆脱正面标签。或许你会奇怪，正面标签，比如我很可爱，或者我很强大，有什么问题？并非所有的正面标签都有问题，这取决于你如何使用它们。当你执着于正面标签时，就会出问题，它们会破坏你在生活中的价值。我们将通过两个具体的例子来解释这种情况。

执着于优秀

有时候你可能会执着于一个标签，比如优秀、有才能，或才华横溢，或者我擅长……（填空）。这些标签可能源于一个珍贵的奖杯，你觉得必须要不惜一切代价地保住它[6]。例如，你认为，我很擅长自己的工作。那么，如果你在工作中犯了错误呢？这是否说明你现在不擅长这份工作了？如果你执着于优秀，可能会逃避与你的表现相关的反馈，以免遭受负面评价。但你需要听取一些重要的反馈，才能提升自己。或许你只与那些夸你真棒的人在一起。你会逃避挑战，因为你可能会失败，无法获得"我很棒"的评价。在这种情况下，你不会得到成长。

坚持自我重要性

当竞争能够帮助你提升自己的时候，它就是积极的、有益健康的。当竞争与你的自我重要性联系在一起时，就会出现问题。你采取的行动只是为了感觉更好[7]，而不是尝试为自己或他人做好事。例如，有时你可能会购买昂贵的物品，以此来让自己看起来拥有更高的地位。或者你可能会批评那些没有满足你的需求的人，或者你可能会贬低那些比你做得更好的人，这样你就不会觉得自己不如别人。只有别人不如你，你才能比别人更优秀。请注意，这类行为大多发生在你的内心，而其他人可能只是在过他们的生活。这些逐渐在内心积累起来的怨恨，使你与他人为敌。

你需要利用自己的"观察者"，心甘情愿地放弃自我重要性，尤其是当它导致愤怒、怨恨或嫉妒思维反刍时。你不是那么重要，也并非微不足道。有时，你会成为众人瞩目的焦点，对某个人或某件事发挥至关重要的作用，有时你需要隐入背景中，去支持他人。将自己与"重要"解绑，才能灵活地增强自己和他人的力量。

如何利用积极的建议

现在，只有你才能在正确的位置上去利用积极的建议，因为你已经意识到了陷阱的存在。"观察者"视角可以帮助你摆脱积极的建议与消极的建议。然后，你不再用标签控制自己，而是将它们当成可以利用的工具。你可以利用它们来激励和指导自己，或者将它们暂时搁置，就像当你不再需要钉钉子时，你会放下锤子。

下面是一些充分利用自我建议的例子。当你要完成一项艰巨的任务时，你可能会说"来吧，你做得到"，而不是"我有能力完成这项任务"。但关键在于专注于行动，而不是正面标签。面对批评性的反馈，你不妨说"慢慢来，尝试从中学习，你可以处理好"，而不是通过攻击给你反馈的人来应对自己的脆弱。自我建议可以帮助你更加有效地处理任务，而不是处理附加在任务上的情绪。研究表明，将积极的自我对话与行动联系起来，可以提升身体与大脑的表现[8]。

思考如何为自己提供有助于成长和提高的建议，并不是为了建立自我意识而做出积极的陈述（例如，我是无敌的），相反，这是采用有利于价值驱动行为的描述（例如，我可以通过练习变得更好）。下面提供了一些参考：

我可以改变。

我做得还不错。

我可以停下来。

我能取得超出想象的成就。

慢下来，没必要这么快。

我做到了。

我相信自己。

我允许自己怀疑，并继续前进。

迎接无限可能

本章的练习旨在帮助你意识到自我对话如何对你紧追不舍。当你的天平严重倾向正面标签或负面标签时，你可以练习让天平回归平衡。你也可以启动自己的"观察者"，停下来，深呼吸，提醒自己不被那些词语限制。

无限可能

观察你的想法、感受与行动。观察它们的变化

如果积极的建议或消极的建议有所帮助，你可以利用它们

当建议伤害你的时候，启用你的"观察者"

负面： 陷入自我批评。标签定义了你。"因为我不够好，所以我无法改变或提升"

正面： 执着于积极的肯定。"我很有才华。我很讨人喜欢。"这样的坚持会阻止你去冒险，使你惧怕犯错，或者拒绝听取反馈

第 7 章　富有同情心的自我

同情是通往持续幸福之路。

阿莎坐在图书馆，面前摊开一本数学书，她看起来既紧张又困惑。坐在对面的学习搭档生气地说："你在等什么？专注一点！"阿莎拿着笔晃来晃去。"你在浪费时间！"学习搭档继续说道，"你放下了工作来学习，现在却在浪费时间。快点把这道该死的题解出来！"阿莎又看了看数学书，开始咬铅笔。学习搭档愤怒地大喊："你还在等什么？你想不及格吗？快点做题，你这个笨蛋。"

如果你目睹了这种情况，你会怎么做？你会告诉阿莎的学习搭档，这是一种虐待行为吗？你会对他的行为感到愤怒或震惊吗？

现在重新想象这个场景，让阿莎独自学习，没有伙伴。想象这些批评来自阿莎内心的批评者，即她的"建议者"。你现在感觉如何？你的愤怒是否会变成对阿莎尝试学习的同情？如果你同情阿莎的自我苛求，可能是因为你也经常这样责怪自己。

当你遭遇困难的时候，你的自我对话可能十分冷酷无

情，不是吗？你那严厉的"建议者"会对你说什么？可能是
"我真没用""没人在乎我""生活真不公平""没有人值得信
任""放弃吧""还有什么用呢"。

当一个人辱骂另一个人时，就像上面学习的例子一样，
辱骂显然毫无帮助。面对这些批评，学生的学习能力会下降。
如果你在努力做某件事的时候，有人却一直在批评你，那么你
的能力也会下降，动力也会随之减弱。你的自尊心会严重受
挫，你可能会感到失去平衡并陷入高压或封闭状态。你甚至会
离开图书馆，用巧克力、酒精、游戏等不健康的方式来安慰自
己——你可以想一想自己采用的逃避策略。

大多数人对陌生人往往比对自己更有同情心。为什么人
们不能像对待朋友那样善待自己呢？也许从来没有人教过我们
如何进行自我关怀，我们也不知道自我关怀的重要性。在这一
章，我们将帮助你了解批评是多么普遍，它如何使一个人的动
力减弱，以及严厉的批评如何降低一个人的成就。然后我们会
学习自我关怀。你会发现，善待自己可以使你变得更强大。

你害怕自我关怀吗

自我关怀是指愿意像好朋友那样，用温暖、耐心和理解
来回应自己的痛苦和遭遇。这听起来很容易，对吧？但你知道
事实并非如此。自我关怀受许多因素的影响，包括文化、家庭

和性别。例如，在一些集体文化中，自我关怀被视为一种智慧，在日常生活中占据重要的地位。相比之下，其他文化会强调个人主义和永不妥协的独立性，将自我关怀视为一种负面属性[1]。文化中的男子气概和权力，也可能导致人们贬低自我关怀的价值。

最终，成年以后，许多人害怕自我关怀[2]。这种恐惧可能很强烈，特别是在你为了生存需要严格要求自己的情况下。经过学习，你的"建议者"会这样说："不要放松警惕，否则你会受伤。""你要严格要求自己，否则你将一事无成。"

以下哪种令人恐惧的陈述能够引起你的共鸣

- 如果对自己宽容，我就会变成一个弱者。
- 我不值得被善待。
- 一个严厉的"建议者"可以使我避免犯错，或者让我保持自律。
- 唯一能够激励我的方式就是自我批评。
- 一个严厉的"建议者"可以帮助我保持警惕并保护自己。

如果多年来你一直沉浸在要求严苛的信息中，想一想这对你造成了什么样的影响。

- 问问自己："我惧怕自我关怀吗？"

当你想到自我批评时，是否认为它是维持你的表现或强大的必要条件？研究结果表明并非如此。例如，首先，严厉地批评别人不仅不能激励他们，反而会使他们丧失动力，降低幸福感[3]。然后，随着时间的推移，那些总是严厉批评自己的年轻人会逐渐丧失希望和社会支持[4]。最后，缺乏自我关怀的人往往有更严重的心理健康问题，面对挫折的应对能力更低，缺乏改进的动力[5]。认为自我关怀会让你变得软弱，这是一个谬论。

这里提供一个简单的办法，有助于理解严厉的"建议者"是如何削弱你的能力的。想象一下，你的老板喜欢辱骂下属，他所说的话就像你心中最严厉的自我对话。每当你犯一个小错误，老板都会说："你到底有什么毛病？"即使你做得很好，他也说："你做得还不够。如果再不努力，我就开除你。"你可能会很害怕。也许最初你会尝试取悦老板，但这只会让他变本加厉，更加粗暴地辱骂你："你又搞砸了，真是没用。"随着时间的推移，你的动力会发生怎样的变化？你很可能丧失动力，工作效率低下，甚至会做一些事情来报复老板，比如与同事说他的坏话。

现在你或许开始理解自我关怀的影响了。还记得上文例子中那个严厉的学习搭档吗？如果他一开始像好朋友那样提供支持，给予对方鼓励且有耐心，结果将会如何？他可能会说："考试前感到有压力是正常的。尽力而为。你做得很好。"你希望学生在数学考试中取得更好的成绩吗？你期望他们更加快乐吗？答案是肯定的。你可以成为自己的朋友，摆脱自我伤害。回想一下你之前对阿莎的关怀。关怀他人，利人利己。

你值得被关怀

遭受痛苦的时候，如果我们感到孤独，那么痛苦就会变得更加深刻。但在这里，我们想告诉你，你并不孤单。我们可以做一个想象练习，首先联想自身的遭遇，然后再与同胞的不幸遭遇建立联系。

回想一段让你感到羞耻的经历。也许是一些你不好意思与别人分享的事情，即使你知道自己无法控制这种情况。也许你在贫困或在被忽视的环境中长大。也许你陷入了一段凌虐关系，而你对此感到羞耻。也许你在企业重组中失去了工作，并在努力寻找另一份工作。又或者你对爱人很刻薄或不耐烦，即使你尝试避免如此。你可以回想任何让你觉得羞耻的经历，直至今日它可能仍会令你痛苦。然后，带着这段回忆来看一看下面这些有关人类痛苦遭遇的数据：

心理健康——每年约有 25% 的人患有心理问题 [6]。

童年创伤事件——25% 的青少年经历过创伤性事件 [7]。

霸凌——50% 的人经历过某种形式的职场霸凌 [8]。

贫穷——15% 的美国人收入在贫困线以下 [9]。

针对女性的暴力——35% 的美国女性在一生中会遭受身体暴力或性暴力[10]。

我们希望你能明白，痛苦是普遍的，也希望你能从中感受到人性。你能想到在所有的家人、朋友和同事中，有四分之一的人存在心理问题吗？在你认识的人当中，有没有人正在遭受性别暴力？你是否知道哪个朋友是遭受过霸凌的人之一？你的答案可能是否定的。我们会隐藏自己的痛苦。数据显示，人们会对自己的心理问题保密，许多人甚至不去寻求帮助[11]。佛说：众生皆苦。这的确没错，数据证实了这一点。

你并不是唯一经历痛苦的人。你理应得到自己和他人的关怀。或者让我们换一种说法：如果你不值得关怀，那么任何人都不值得关怀。每个人都犯过错，每个人都受过苦。每个人都有想对他人保密的不堪回首的往事。

在前面的章节中，我们讨论了发生这种情况的原因，这里进行简单的回顾。你可能会感到痛苦，因为你没有踏入"探索者"区，而是困在那个舒适区，重复着与过去相同的行为。你可能会陷入困境，因为你采取破坏性策略来控制自己的感受，有时还允许那个毫无帮助的"建议者"来控制你的生活。你可能也忘了坚持自己的价值观。这不是你的错，这些问题并非你独有的。所有人都是如此。

这是一个重要的启示。每个人都有一些羞耻感。你的亲人有，即使是超级自信的人也有。当你感到羞耻时，你认为自己是无能的。羞耻是一种情绪。这种情绪会告诉你，要做得更好，变得更强，不能掉队。正因如此，每个人都会产生羞耻感。问题是，大多数人不知道这一点，也无法理解羞耻感。我们会感到孤独和渺小。文化和社会规范通过这种方式影响着我们的感受和想法。问题不在于羞耻是一种情绪，而在于我们的文化不会教我们以同情的态度面对失败或挣扎，所以我们将羞耻感内化。关怀会改变一切，因为你知道人人都经历过痛苦。你知道自己遭受痛苦，并非因为你不够好、不幸或活该。你会受苦，只因为你是人。

痛苦不是你的错。但你可能会担心，如果自己摆脱了困境，就会放弃尝试，或者将事情搞砸或变得自私。这就是对自我关怀的恐惧，由于这种恐惧，你会严苛地对待自己，试图激励自己积极行动。让这种恐惧消失吧。你的目标是变得更加强大，而不是惩罚自己。你需要并且值得来自朋友的温暖、耐心和理解，并以此来维持你的动力。

- 如果接受自己作为人的弱点，你的生活将会如何？
- 如果不必躲在面具后面，你的生活将会如何？

如果你一生中的大部分时间都依赖一个总是提出严厉批评的"建议者"，那么你会认为自我关怀非常困难。你需要将自我关怀作为一种新习惯来培养，就像突然决定用非惯用手写作一样。你可以通过练习来适应它。

首先要知道的是，成为自己的朋友并不需要与苛刻的"建议者"作对。请记住，反抗你的"建议者"只会使它变得更强大。不要与自己为敌，你需要调整"建议者"的方向，而不是抵制它。最快的办法是停下来，退后一步，从远处观察自己，就像一个"观察者"。提醒自己，你的想法或感受并不能代表你，你是无限的，想法和感受只是你的一部分，它们会不断地变化。现在让我们开始练习。

站在朋友的角度

（1）回想一下你对自己十分严苛或挑剔的时候，即通过"建议者"自责的时候。试着想象你的自我对话的内容和语气。以下是自我对话的一些示例：

你还不够好。

你太蠢了。

你做得还不够。

为什么这一切都发生在我身上？

我恨自己。

（2）反复对自己进行严厉的批评。当你这样做的时候，观察自己面对"建议者"的批评，身体出现了哪些感受。自责的感觉如何？身体的哪些部位感到紧张？然后停顿片刻，体会自我伤害的感觉。

（3）现在，退后一步。想象你游离于肉体之外，站在离自己几米远的地方。你看着自己进行自我批评、自责或以某种方式承受痛苦。你这个局外人看到了什么？当你对自己苛刻的时候，你是什么样子？也许你蜷缩在椅子上，或看起来心不在焉，或十分悲伤。也许你在揉搓额头，看起来十分紧张。也许你在床上辗转反侧，像一个"观察者"那样去看待自己的痛苦。

（4）现在，你对身处困境的自己有了清晰的认识，你已经做好准备，尝试站在好友的角度，用好朋友对待你的方式来对待自己，给予自己关怀、耐心和温暖。你可以轻轻地将一只手放在心脏的位置上，说一些安慰或鼓励的话。如果最亲密的朋友看到你的挣扎，他们会说什么？

如果很难立刻站在朋友的立场上，也不必担心。不要把这个练习变成另一个自责的理由。提醒自己，你还需要练习。切换到朋友的视角，你就能学会用耐心和鼓励来激励自己，而不是用辱骂来鞭策自己。做自己的朋友，这是培养持久动力的秘诀，你需要这种动力来改变生活，让自己变得更加强大。

在日常生活中进行自我关怀

如果不熟悉自我关怀，你可能会对此产生抗拒心理。你不能利用"建议者"来说服自己，使自己相信自我关怀是有益的。这是由于"建议者"的目的是确保你的安全，而不是让你感觉良好。如果你被困住，请远离"建议者"，去向你的"探索者"求助。尝试一些自我关怀的新活动，看看效果如何。如果你的"建议者"是正确的，自我关怀带来了麻烦，那么你可以随时停止这些活动，去尝试其他事情。当然，你也可以重新启用严厉的"建议者"。我们希望通过尝试以后，你会发现这并不是最好的办法。

相反，自我关爱才是上策。你需要启用"价值引导者"。选择一些能为生活带来正能量的活动，或者选择能随时间的推移创造价值的活动。我们将这些活动分成两类：滋养你并为你带来平静、满足和放松的活动，以及具有挑战性并使你感到兴奋和有激情的活动。下面的表 7–1 仅作参考，我们希望你能借此思考适合自己的活动。

表 7-1　适合自己的活动

自我滋养的活动 能量＝平静、满足、放松	有趣且富有挑战性的活动 能量＝兴奋、热情、专注
关注呼吸。 保证充足的高质量睡眠。 健康饮食。 午休。 午休时间去散步。 与宠物玩耍。 听音乐。 与朋友联系。 走进大自然。 关闭电子设备。 运动（一些放松身体的运动项目， 如瑜伽或太极拳）。 享用美食或烹饪。 表达爱意。 冥想。 阅读。 做手工，如缝纫、针织或十字绣。 进行艺术活动，如绘画和素描	学习新知识。 运动（具有挑战性的运动项目， 比如攀岩或滑雪）。 参加一项体育比赛。 演奏乐器。 参加一项冒险活动。 承担一个亲自动手的项目。 写一个故事或一篇文章。 编写软件或开发网站。 去远足。 解决难题。 在社区做志愿者

研究发现，关爱自我的人可以取得更高的成就，拥有更高的效率和更强的幸福感[12]。也许你还在犹豫不决，因为你认为自己有太多工作或家务要做。那是你的"建议者"在说话。要想成为"探索者"，你需要带着"建议者"的疑虑，去尝试自我关照的新活动。也许你会发现，自己可以减少一些不必要的活动，比如浏览社交媒体或看电视。也许你会发现，价值驱

动的活动可以帮助你更加高效地履行其他职责，完成其他任务。找到答案的唯一办法是尝试新事物。

- 你是否想到了自己可以马上开始的自我关爱活动？
- 说出你所选择的重要活动，并为这项活动安排日期和时间（可能只需要五分钟）。
- 现在开始。

关怀让你更强大

自我关怀的方法对你而言可能很陌生，因此你可以将下图剪下来，贴在自己每天必经的地方，借此提醒自己。如果发现你对自己过于挑剔，或者在自我反省中对自己评价过低，请通过这些步骤来恢复平衡。提醒自己站在朋友的角度，给予自己关怀。

关怀是通往永恒幸福之路

从朋友的视角来看待你自己

关怀自己和他人，这将使你更加强大

在日常生活中探索自我关怀的方法

严厉批评：
自我虐待或批评会使你对关怀产生恐惧，并削弱你的动力

减少自我反省：
不对行为进行评价，降低对自我反馈或他人反馈的敏感度

第 8 章　成就卓越的自我

成功的关键是向前迈出一步。不积跬步，无以至千里。

现在到了实现远大理想的时候了。你想提升或者精通什么？你是否想在职业、运动、爱好、商业、创作、建造、编程、领导力或其他领域更进一步？请相信一切皆有可能。本章将为你铺设一条通往巅峰的道路。

前面几章一直在为这一刻做准备。第 5 章，你学会了脱下保护壳，让自己展现脆弱，从而拥有更广阔的人生。第 6 章告诉你，不要让自我限制的标签阻碍你的成长。通过第 7 章的学习，你知道可以通过自我关怀而不是批判性的自我对话来维持动力。现在，你已经做好准备，去超越你所想象的可能性。

提升之路

如果你已经做好了提升的准备，本章将为你提供帮助。无论你想在哪个领域获得提升，取得成就的过程都需要经历几个阶段：始于初学者，再到胜任者，然后是专家，最后是大师[1]。对于那些不值得投入更多时间的活动，你可以选择保持在初学者或胜任者的水平。但是，对于自己非常看重的事情，我们通常不希望仅停留在胜任者的水平上。我们希望达到大师的水平，但这通常很困难。并不是因为我们缺乏特定的基因或才能，而是因为到达大师级别需要经过漫长、持续且艰苦的努力，通常要花费很多年的时间。此外，到达大师级的过程中存在一些障碍：

（1）我们还有其他与之相互冲突的需求，例如生活和其他责任。

（2）我们让"建议者"来管理生活，致使我们关注的是眼前问题的解决，而不是我们关心的事情。

（3）我们想逃避练习过程中的困难。

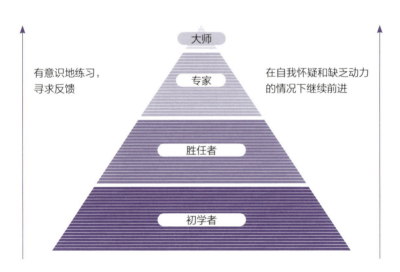

思考你希望在哪个领域得到提升，你愿意投入多少时间

和精力。接下来，我们将阐述这个过程中每一步的内容。

初学者阶段是几乎没有知识或技能的阶段。你的"建议者"可能不希望你停留在这个阶段。它可能会说，你演奏那种乐器的样子看起来很愚蠢。如果你听从悲观的"建议者"，往往不会开始这个成就之旅。决定开始后，你需要转换"建议者"的视角。一开始似乎很困难，有时甚至难以承受。例如，你要学习一项新运动，最初你可能很难完成基本的动作。一切看起来似乎都那么不自然或令人感到困惑。如果你要学习一门新语言，就需要艰难地记住每一个单词，碰上完整的句子可能会使你不知所措。

胜任者意味着你具备了一些经验，可以利用你的知识，专注于重要的事情。事情会变得更加容易，你可能想停留在这个阶段：获得良好的工作评价，能出色地完成运动动作或演奏乐器，能做出美味的饭菜，成为一个像样的领导者或合格的程序员，或者能说一口还过得去的西班牙语。也许这个水平对大多数事情来说都足够了。但你是否想进一步激发你的热情？

专家水平需要通过多年的努力和刻意练习才能实现。达到专家级意味着你可以轻松熟练地完成任务。专业的吉他手立刻就知道自己的手指如何拨动每根和弦；机器人工程师知道如何设计新系统；语言专家口齿流利，能立刻理解每句话的含义；专业的厨师无须查看食谱，就能知道一道菜需要哪种材料。专家的表现似乎不可思议，因为他们看起来举重若轻。但请记住，这种轻松的样子要建立在多年努力之上。

大师阶段是一个人在他所选择的领域内的最高水平。他可能是钢琴家、企业家、著名作家、首席执行官或职业运动员。成为大师往往需要投入一生的时间。

如果愿意，你也可以走上专业之路。也许你难以成为专业人士，但你可以变得更加熟练，提升成就感。在这个过程中，或许你会决定向所选领域的大师级别努力。谁知道呢？这里只有一条路径可以找出答案。

（1）确定要做什么，即你想发展哪种技能。

（2）制订一个周密的实践计划，这是一个将自己推出舒适区的计划。

（3）为恐惧、自我怀疑和动力不足做好准备。任何达到领域顶峰的人，都会自我怀疑且感到动力不足，并且这些感觉可能会一直伴随他们左右。但他们不会让这些感觉阻碍自己。

第一步　确定要做什么

第一步是确定你想实现的目标。思考一下你希望提升的地方。下面这些领域可供参考：

- 人际（人际关系、公开演讲、教学、辅导、社区建设）
- 内在（冥想、写日记、阅读、自我关怀）
- 身体（运动、锻炼）
- 知识（学习新知识、精通某个知识领域）

- 技术（舞步、手工制作、修理东西）
- 创造（视觉设计、唱歌、烹饪、园艺）
- 行业（经营公司、管理他人）
- 人道主义（创办慈善机构、提供志愿服务）

现在想一想，你希望从事的活动是否与你想要的生活方式有关。如果用价值支撑行动，你更有可能随着时间的推移而获得持续的动力。

> 摒弃空虚的忙碌，将精力投入到改善生活的行动中去。

想想你希望为之努力的活动，然后回答下列问题：

（1）这项活动是否反映了你内心希望自己成为什么样的人（不是外表或社会地位）？

（2）你是否对这项活动有激情？

（3）这项活动能否为你的生活带来意义？

（4）这项活动是否让你与他人创建联系？

（5）这项活动是否与你的生活的其他方面相协调？

要获得持续的动力，你对上述大多数问题的答案都应该是肯定的。不要把时间花在对你来说无关紧要的事情上，否则必然导致动力下降。

第二步　制订周密的实践计划

你可能会陷入一种困境。和大多数人一样，有时你对生活感到不知所措。需要承担的责任太多，时间太少。想一想，你是否将精力投入到了自己热爱的事情上？如果答案是否定的，那么现在是时候改变了。

> 改变模式：让时间变得有意义。

我们可以做一个类比：毕肖普是一名出色的国际象棋选手，他投入数千小时练习国际象棋，但进步缓慢。这令他感到沮丧，他认为自己需要一些运气，也许把名字改成"国王"会有所帮助，或许这能帮助他赢得一些比赛。然而，随机许愿不会让他（或你）取得进步。毕肖普的问题是，一味地下棋或许愿是行不通的。快棋赛对他来说虽然既舒适又轻松，但他并未总结自己的错误。他只是结束这局比赛后又冲向下一局比赛。

要获得提升，他需要进入"探索者"区域。毕肖普需要离开他的习惯区，刻意让自己面对难以轻松完成的挑战。习惯区很舒适，却没什么帮助。走出习惯区后，毕肖普会从他的失败、挫折以及胜利中得到反馈。研究表明，像毕肖普这样的人需要努力解决一个又一个复杂的国际象棋问题，并在国际象棋联赛中一遍又一遍地输掉比赛 [2]。在非舒服区练习 5 个小时，大约相当于练习舒适的快棋 20 个小时。练习的质量比数量更加重要 [3]。

现在轮到你了。

思考你希望实现的目标。

通过以下三个步骤进行周密的练习：

（1）接纳未知。要获得提升，你需要经常做一些新鲜事。例如，如果想提高工作业绩，你可以寻找一个工作上的导师；如果想更加擅长社交和建立友谊，你可以从线上的太极拳课转变为加入当地的太极拳团体。走出习惯区，进入未知领域，这就是成长。它让你的能量转向价值。

（2）大胆行动。接下来，设定一些行动目标。思考你可以采取哪些步骤来提升技能。设定恰到好处的目标 [4] 不太容易，但也不会难到让你感到沮丧、筋疲力尽或受伤。例如，如果感觉结识一位导师十分困难，那么你可以加入所在领域的线上讨论组；如果你在学习吉他，可以选择具有一定挑战性的音乐，而不是那种闭着眼也能弹的音乐，但也不要太难，以免令自己气馁。只有你能恰到好处地把握挑战的难度。

（3）从错误中学习。关注结果，衡量进步。例如，如果要参加太极拳课程，请注意你能否跟上节奏，调整动作，并寻求反馈；如果你正在学习吉他，可以录下自己现在的演奏过程，几周后再录制一段，看看你在哪些地方取得了进步，还需要改进哪些地方。听取老师的反馈。提醒自己，成长就是接受反馈，不要自责。

第三步 为迎接恐惧、自我怀疑和动力不足做好准备

错误让你变得更加强大。无论何时，只要离开习惯区，进入探索空间，人人都有可能犯错。刻意练习并不容易。你会失去信心，"建议者"会使你产生自我怀疑。请记住，错误是探索的关键。自我怀疑不一定会阻碍你。

在迈向成功的过程中，你的想法和感受会改变。有时你会感到信心满满，有时你会感到动力不足或缺乏安全感。你无法控制自己的感受和想法，因为当你强迫自己变得更好时，你提高了犯错和受到挫折的风险，进而增加了自我批评的风险。你可以控制的事情只有自己的练习。在人生之路上坚持不懈，相信刻意练习能够提升自己。继续向着目标前进。

当恐惧和自我怀疑成为阻碍时，请记得回归当下。体育运动中最直接的指示是，盯着球（全神贯注）。大多数活动都是如此：在演奏音乐时专注地聆听音乐，或者忘记上一场比赛，专注于现在的比赛。当我们学习新事物或尝试提升时，大脑往往充斥着各种指令，却忘了专注于任务本身。如果脱离了当下，你会对当前形势的要求反应迟钝。你会忽略反馈，学习能力下降。因此，要实现卓越，关键是在你脱离当下的时候抓住自己，重新回归当下。

据说，呼吸可以重新校准宇宙的节奏。正如提摩西·加尔韦（Timothy Gallwey）在《身心合一的奇迹力量》（*The Inner Game of Tennis*）中写道："当意识沉浸于呼吸的节奏时，就会变得全神贯注、十分冷静。无论在球场内外，应对焦虑的最好办法都是把意识放在自己的呼吸过程上。"[5] 回到当下的最简单方法是放慢呼吸，让自己脚踏实地（可参考第 3 章的练习）。

呼吸也有助于应对追求成就所带来的压力，但其目的不是消除压力。压力不可能被消除。试图消除所有压力是退回到习惯区的另一种形式。学习、竞争和拓展自己的习惯区，都会带来一定的压力。当你进行阻力训练或一些有困难的练习时，身体会承受压力。同样的，在你努力学习新东西时，大脑也会承受压力。

经过紧张的练习后，你还需要时间去恢复。例如，安排好休息日，进行一些放松活动，保证健康的饮食和充足的睡眠。

> 没有压力就没有成功。

成功者会关注自己身体上的压力，并且能够意识到有益的压力何时会变成有害的压力。疲劳、易怒、焦虑不安、感到筋疲力尽或者成果不佳，这些都是压力过大的迹象。如果出现这种情况，说明你需要休息了。

> 压力和休息是同一枚硬币的两面。你需要兼顾两者。

将"建议者"变成陪练

"建议者"对你的成就发挥着重要的作用。你需要规则和指令，从而知道何时开始——发球时站在线后，并将球击回线内。然后，"建议者"会将这些规则内化，从而提醒你：将球保持在界线之内。当你取得进步以后，就不再需要"建议者"了，因为你会养成习惯。这就像学习开车一样。初学时，你会同时想到多个指令——向左看、向右看、打转向灯，然后在缓慢放开离合器的同时加速——但掌握了驾驶技术以后，你几乎不会想到这些指令（直到你尝试教另一位初学者开车，然后你才会意识到它有多么复杂）。

熟练以后，你会逐渐进入心流状态，全神贯注于当前的任务。处于心流状态的舞者不需要"建议者"来告诉他们："先迈左脚，然后踮起脚尖。"他们凭直觉做动作。进入心流，专注于你所重视的活动，而"建议者"始终保持沉默，这是生活中的幸福时刻。

有时，"建议者"和成就之间会产生矛盾。"建议者"通常能够提供帮助，但有时也会干扰复杂的行为。下面是安的故事，让我们来看看"建议者"如何阻碍了她取得成就。

　　我花了三年时间学习表演。在演了两年的小角色后，我终于得到了扮演主角的机会。我很兴奋，也很紧张。就像许多创意工作者或表演者一样，我需要全身心地投入，在舞台上表现得可信且"真实"，所以我的压力很大。这是一个奇怪的悖论。在花钱来看表演的观众面前，在家人、朋友和评估我的老师面前，我却不得不放弃控制。然而，我的"建议者"有其他想法。为了保护我免遭失败，它决定教我如何"放手"：它提醒我要"自然"，要"真实地倾听"，要"表现出惊讶"。这是一场灾难。我变成了一个机器人，矫揉造作，完成了一场失败的舞台表演。我的"建议者"试图控制我的自发性，并最终摧毁了它。不幸的是，在那之后，我再也没有机会演主角了。每当我回忆起这件事时，我都会感到非常羞耻。但我已经学会不要总让"建议者"负责了。

　　至少在两种情况下，你的"建议者"或自我对话对成就没有帮助。首先，有些事情过于复杂，无法付诸语言，与其听从自我对话的"建议者"，不如遵循身体记忆与实践记忆，也许更加容易理解。其次，你的"建议者"可能会专注于与任务无关的事情，从而阻碍你取得成就[6]。在一项活动中，你最不需要做的就是担心未来的表现或过去的错误。要抵达顶峰，就需要百分之百地集中精力。

这将我们带回到第 2 章提到的发挥"建议者"能力的基本步骤。

（1）遇见它。注意"建议者"在哪些时候能够提供帮助，哪些时候会分散你的注意力或影响你的表现。如果"建议者"没有帮助，请进行步骤 2。

（2）转换视角，不要与之对抗。没有必要与"建议者"对抗或控制你的想法。相反，停下来，缓缓呼气，启用你的"观察者"。轻轻地将注意力转移到任务上，然后进行步骤 3。

（3）支配它（使用经验法则）。一些自我对话可能会帮助你发展专业技能[7]。你的自我对话应该专注于当下，而不是纠结过去的错误或未来的结果。例如，告诉自己，不要继续犯同样的愚蠢错误，这可能没有多少帮助。它会将精力从最重要的当下转移到其他地方。确保"建议者"的表述适合你。下面是一些例子，但请记住，你需要建立属于自己的规则。练习对你有用的自我对话：

提高动力——你可以做到！忍耐一下，坚强一点。

提高对艰难经历的接受度——自我怀疑是进步之路上的正常现象。

提供有效的策略——（在你匆忙的时候）放慢速度，深呼吸。保持冷静。

立足当下——专注在当前的行动上。

专注于具体的技术——多打上旋球。

使用"如果—那么"的表达方式——如果我感到疲倦，那么我会再练习一次，然后停止。

成就

本章的练习步骤将帮助你在向目标努力的过程中保持内心的平衡。尝试让自己保持平衡，既不要挑战难度过大的项目，也不要让项目缺乏挑战性。

成就卓越的自我

确定要努力的领域，并将其与价值联系起来

制订周密的练习计划：拥抱未知，大胆行动，从错误中学习，平衡压力和休息

利用"观察者"保持专注，让"建议者"成为陪练

过度挑战：
挑战难度太大，压力过大，休息不足，挑战缺乏价值驱动

挑战不足：
挑战过于简单，每当产生自我怀疑或缺乏动力时，就会放弃努力，不愿离开舒适区

第 9 章　深刻的觉知

平静不是毫无压力，平静可以从觉知练习中获得。

　　每天早上太阳升起，世界焕然一新，黑暗逐渐消失，你几乎不记得它的阴影。一切又充满了希望。小鸟用歌唱迎接这个清晨，感受黎明的力量。你也充满了改变的力量。前一刻你站在黎明前的黑暗中，呼吸困难，与消极的想法做斗争，厌倦了生活——下一刻，只需一个小小的动作就能带来光明。也许是问候太阳，也许是与路上的行人打招呼，也许是接受一份新工作，也许是点击注册按键，报名参加渴望已久的绘画课程。这些瞬间都能带领你前进。它们可以开启你内在的觉知。

　　这些瞬间就是本章的重点。你将学习如何在这些瞬间捕捉微小的变化，并利用它们重新开启生活。读完这一章后，你会明白，活力永远不会消失，它与你只有一步之遥。从挣扎到平静只有一门之隔。不要对变化置之不理。小鸟不会拒绝在黎明时歌唱，你也不应该拒绝变化。安住下来，然后你会发现与可能性共存的精彩。

　　本章介绍了三种练习，它们会引导你走上通往深刻觉知的道路。有了它们，你可以提升自己的存在感，获得平静，甚至提高你的注意力并取得成就。通过练习，你将获得一项新的超能力，那就是处变不惊，在任何风暴中保持平静。

摆脱挣扎

在介绍这些练习之前，让我们先探讨一下练习的重要性。世界改变了你。经过漫长的岁月，你可能会错误地将自己的经历当成你自己。例如，如果你曾受到伤害，可能会认为自己是受害者；如果你在某件事上失败了，可能会认为自己是一个失败者。但事实并非如此。你的经历只代表了过去——它们不是你自己。

刚出生时，你就像清澈的水。你可以将自己的经历想象成掉进水里的茶叶，它们改变了水的颜色、味道和气味。但水仍然存在，它始终在茶水中。因此你那个清澈的自我也始终存在。

世界向你提出了挑战和问题，为了解决它们，你终日战斗，奋力前行。你进行自我教育，建立友谊和寻找爱情，找到工作，克服日常生活中的种种麻烦——支付账单、洗衣服、按时上班、与他人合作解决困难等。你将战斗或逃跑的化学物质融入血液中，从而让大脑和身体对这些现代挑战做出反应。当你克服了一个问题时，这些化学物质就会消散，你会感到轻松，获得多巴胺等让你感觉良好的化学物质。但是，如果你一直处于战斗和逃跑模式，那么就很难处于放松状态。仿佛一旦放松了警惕，危险就会在你看不见的时候侵入。你上一次完全放松下来，心中没有那种"应该"完成某事的不安稳的感觉是在什么时候？

不要忽视内心。婴儿时期，你会因为有人对你微笑而咯咯地笑。那种全心全意接纳当下的纯粹仍然留在你的心中。通过练习，你可以让它再现。你可以看到世界是美好的，至少有时是美好的。你也可以看到自己的身体是美好的。你可以让"建议者"接纳新的想法。你会发现生活更加广阔。你可以看到其他人都是美好的。这需要练习。但你可以享受真实的体验，而不是让生活的挣扎蒙蔽心灵。感受天空的蔚蓝，新雨的凉意，爱人的目光或拥抱。这种能力蕴藏在你的体内。

做正确的事

你是否意识到自己常常在练习保持一种心理状态，直到它成为习惯？比如，如果你经常练习处于焦虑状态，焦虑就会成为你的习惯。如果你经常练习处于平静状态，平静就会成为你的习惯。行为研究表明，你的想法、感受和行为都会遵循这种基本的强化范式[1]。忧虑就是一个典型的例子。假设你非常担心自己的工作。你为此日思夜想。每当感到忧虑时，你都在不断自我强化，似乎这样能解决工作上的问题。但这是一个陷阱。忧虑不会改变你的工作状况，它只是看起来有帮助，却以你的当下作为代价，将你牢牢困在一个你希望逃离的习惯区中。

有数百年历史的观照练习也可以得出和这些行为强化原则相似的结论。例如，2500 年前，释迦牟尼开始悟道，希望找到人类痛苦的原因。他通过几十年的深度冥想、内省和辩论来验证自己的问题。然后他认识到，一个人每天有什么样的体验取决于他在练习什么。如果我们练习与痛苦做斗争，那我们会更痛苦。如果我们练习保持平静，那也会更平静。

那么，问问自己，你平时的心理状态如何？通过练习，你可以创造一个不被怀疑和恐惧所支配的新生活，因为你能够让这些感觉来去自由。你渴望获得平静，因此你需要练习，否则如何获得平静？

打造坚不可摧的自我

现在进入"探索者"区域。想象自己还未被任何经历改变。抛开你的标签、判断、评价和习惯，你会发现自己曾经是完整的，并且你可以做自己。或许你一直认为自己不够完整。但或许你会认为一个新生婴儿是完整的。因此，请先接受这样一个概念，即你有一个坚不可摧的部分，只不过你可能很难看到它。

这个坚不可摧、立足当下的自我，正等待通过下面所描述的练习来获得成长。神经科学的相关证据表明，我们所描述的冥想练习可以在几周内改变你的大脑[2]。每天只需投入少量的时间，你就会有更平和的心态，进而学会在风暴中保持清醒和冷静。

正确的练习和你的意图同样重要。练习不是为了让你成为一个更好的员工，或者一台机器中更好用的齿轮。我们不提倡那种肤浅的、无目的的、毫无根据且让人变得更加自私的正念练习。这种正念被称为"快餐正念"（McMindfulness），它无法达到与我们在本章中提倡的练习相同的有益效果。我们采用的冥想方法源自数百年的智慧传统。这并不是在宣传任何宗教，我们的目标是帮助你进行有效的练习，让你看到立足当下的自我，以及你与全人类相互依存的关系。

> 练习寻找完整的自我，让自己进入深刻的觉知，建立与众生相互依存的关系。

练习平静

第一个冥想练习将通过 6 个步骤来构建你的觉知、

培养你获得平静的能力。它以安住练习为基础，并对佩玛·坎德罗（Pema Khandro）的教义进行了改编。严格遵照每一步执行，不要遗漏任何步骤，也不要试图走捷径。你需要每天进行 10 分钟的冥想，连续 21 天，总计占用 3.5 小时。尽量坚持每天练习，如果中途中断，就从中断的地方重新开始。在 21 天结束时，你将看到自己的变化。

下面介绍了 6 个基本步骤。即使你觉得读起来很吃力，也不必担心。

请注意，一些曾经历过创伤的读者可能需要创伤知情冥想（trauma-informed meditation）。你可以尝试我们的练习，但请相信自己的感受。如果感到不安，请暂停并寻求专业帮助。

6 步高效练习

（1）安排专门的时间和地点进行冥想练习。

（2）在开始时设置目标。

（3）做好身体上的准备。

（4）陈述你的价值意图。

（5）练习有循证支持的方法。

（6）以祈愿或激励语结束练习。

让我们来详细阐述每一步需要怎么做。

1. 安排专门的时间和地点进行冥想练习

冥想最困难的部分是记得去做。我们制订了计划，但一天匆匆而过，我们把它忘在了脑后。为了解决这个问题，我们需要计划冥想练习的时间、地点与时长。

地点。你不需要准备一间僻静的冥想室，只需在一个房间内布置一个安静的角落，放置一些看得见的提醒物品，借此触发你的身心。你从它的身边经过，那个垫子或椅子或是图画就会呼唤你："来吧，冥想的时间到了。"

时间。选择一个固定的时间。清晨通常是最佳的冥想时间，因为此时你处于临界状态，介于清醒与睡眠之间。另外，你还没有喝咖啡，也未受到很多刺激。如果这个时间不适合你，那也没关系，你可以选择其他时间，但请尽量选择一个过渡时段，比如介于家和工作之间的时间。然后在你的设备上设置提醒。请注意，我们不建议在睡前进行冥想，因为那时你可能感觉困倦，这与练习觉知所需要的状态相反。

时长。使用计时器，这样你不需要一直想：还要多久才结束？一开始练习5分钟即可。如果你觉得5分钟太长，可以在2分半的时候设置一个间隔提醒，这样你就能知道，自己已经完成了一半。

2. 在开始时设置目标

开始冥想课程时，应该先设置目标，这是练习的一部分。如果你急于进入，那么意识可能会非常混乱，你也会急于结束。这不利于整体目标的实现。因此，在开始的时候，请花几秒的时间来明确练习的目的，尊重自己的练习。如果你愿意，也可以将这个过程算在练习时长中。

慢慢坐下，按铃或点燃蜡烛。

这些动作都会提醒你——练习时间到了。请记住，从结果中学习会成为一种习惯。

3. 做好身体上的准备

遵循身体安定的步骤，你会更加专注。可以将它纳入练习时长。通过这些步骤来提醒身体，现在需要将烦恼放在一边，开始练习。进行冥想时，你应该感到舒适，它不应引起身体上的疼痛。

遵循以下 7 个步骤，按顺序将你的意识从脚趾移动到头部。

（1）双腿——选择一个舒适的盘腿姿势（如果坐在椅子上，请将臀部移至椅子的后部，双脚平放在地板上或一个盒子上）。

（2）臀部——坐在一个结实的坐垫上，将臀部向前倾斜，使臀部高于膝盖，这样可以避免双腿麻木。

（3）脊背——挺直脊背，保持舒适和笔直的状态，同时放松腹部。

（4）肩膀——将肩膀向外打开并下沉。

（5）双手——将双手放在大腿上，或将右手掌放在左手掌上，然后将它们放在膝盖上。

（6）面部——放松下巴，放松面部。

（7）眼睛——保持双眼微睁，将目光柔和地停留在前方某一个点上。在冥想状态下，你会发现眼睛是半睁的，因为这是一种学习的好方法。双眼半睁可以使你保持警觉，而闭上眼睛会加快你的思维，或者使眼睑后出现闪烁的光。

逐一说出能触发你习惯的标记——双腿-臀部-脊背-肩膀-双手-面部-眼睛，从而让身体安定下来。

4. 陈述你的价值意图

你希望冥想是有意义的，而不仅仅是给每一天增加一项任务。提醒自己，你之所以进行练习，是因为你有某种渴望，因此你应当志存高远，并将理想与价值联系起来。温柔且坚定地说出自己的意图。你可以遵循以下公式，也可以使用独属于你的方式。

我练习冥想（行动）是为了自己和他人获得平静

（理想价值），并接受自己无法控制之事。

我练习冥想是为了获得更大程度的平静，我知道平静会到来也会离开。

现在练习是为了让自己与所爱之人免受痛苦。

5. 练习有循证支持的方法

做好充分的准备后，你可以选择下面的方法进行练习。

思考——将注意力集中在自己的呼气上。不改变吸气的节奏，只将意识放在每一次的呼气上。当你忘记关注呼气时，只需将这个行为标记为"思考"，然后重新关注呼吸。

计数——将注意力集中在每一次呼气上，在每次呼气时计数，从 1 数到 20，然后再回到 1，重复这个过程。如果你忘记计数，只需根据需要重新从 1 开始即可。

唱诵——按照吸气、暂停，然后呼气的顺序，将呼吸的每一部分与无声的吟唱联系起来。

- 默默重复 1、2、3——1（吸气）、2（停顿）、3（长呼气）。

- 唱诵 Om Ah Hung——Om（吸气）、Ah（停顿）、Hung（呼气）。

当你尝试这些步骤时，请记住，冥想的目的不是控制思考或停止思考，而是帮助你训练自己的注意力，使其从飘忽不定和分散变得更加深刻。如果你分心了，提醒自己这是正常现象。分心是大脑的行为。在 5 分钟内，你的注意力会多次分散，哪怕是 5 秒内，你都可能多次分心。不必生气。当你意识到自己开小差的时候，轻轻地将意识带回到上述方法之一即可。

最后请记住，这种练习需要连续几天才能看到效果。具体需要多少天，这取决于个人，但对于初学者来说，通常经过 21 天的练习后，就可以看到效果。

6. 以祈愿或激励语结束练习

为你的每一天、你的世界和其他人创造一些正能量。在每次冥想结束时，用一个简短的陈述来结束练习：

愿我们快乐。

愿我们收获平静。

愿我与他人共同获益。

这种冥想练习将帮助你培养对坚不可摧的自我的觉知。让我们再来看看另外两种方法。

到目前为止，你已经看到自己的词语、标签、思想和描述如何与你紧紧相随。在这个练习中，你会逐渐看清思想的本质，并练习立足此时此地。言语和思想是难以捉摸的。你知道自己做梦时的情况——你的想法可能是疯狂又天马行空的。你可能会梦见自己骑着独角兽穿越中土世界，或者大火烧了你的房子。不管梦到了什么，醒来后，你知道自己在做梦，因此你会放下它。如果梦激起了某种情绪，你可能需要花一些时间或精力才能走出来，但你依然知道如何放下这些梦。

你是做梦的人，而不是梦本身。

你是否想过，为什么你会用完全不同的方式对待白天的想法？如果你在白天时的想法也是不真实的——也就是说，在你遵循它们、相信它们，或者采取行动之前，这些想法都缺乏真实性的话，那么你会怎么做呢？现实并不在你的想法和感受中，意识到这一点，你便可以解放你自己。如果你能让梦来来往往，那么也许你可以用同样的方式去对待自己的想法，即便那是一个令人厌恶的想法。当然，这是很有挑战性的做法。但是通过练习，你可以创造新生活，使自己不再受思想和感受的支配。

你可以任选一个想法来进行下面的练习。你需要将思考视为一种工具，在它能够提供帮助的时候善加利用，在它无益的时候，将它放在一边。

视言语为虚无

尝试这个简短的正念练习：

（1）将你的意识集中在自然界的某个事物上——一棵树、天空等。为了便于解释，我们以树为例。

（2）现在缓慢而悠长地呼气。

（3）思考这棵树的所有优点，对它进行正面评价。

（4）然后，思考这棵树的所有缺点，对它进行负面评价。

（5）请注意，无论你给那棵树贴上什么标签，对它有什么想法或评价，这棵树都只是一棵树。它不在乎你的标签、想法或评价，它也不会改变。

（6）你的深刻的觉知也是如此。正面和负面的自我评价来来往往，而深刻的自我始终保持不变。

尝试这个简短的正念练习，放下所有的评价。用这个新的"建议者"规则来提醒自己：你是产生想法的人，而不是想法本身。

最后，让我们来看第三个练习：打开内在的觉知，这样你才能真正接受生理自我。

重新认识身体的美好

首先，思考你如何用那些标签来定义自己的身体：肥胖、纤瘦、衰老、多病、备受伤害。你也可以把自己的身体看作客观的部分，例如，有一个好看的鼻子、肥硕的肚腩，或粗壮的大腿。但不要搞错：这些评价都不能定义你的身体。这些评价是条件作用下的看法，并且都基于你的学习经历。通过练习，你可以清除这些标签以及对自己的物化，学会看到身体的真实形态，并将其视为一种存在和力量。

你的身体是一种存在和力量。

感受身体力量的一种方法是在获得新奇的经历时或巅峰状态下感知它，比如当你跑完 5 千米到达终点的时刻；经过一天漫长的徒步旅行后登上山顶的时刻；在长时间分别后与亲人拥抱的时刻；或者进行深度的瑜伽练习或冥想课程的时刻。想象自己现在处于这样的时刻：

（1）呼吸并回忆一个巅峰时刻。

（2）留意那一刻你的身体产生了什么样的感觉。

（3）此时你的身体体验到美妙的感觉，它是一个具体的存在，而不是标签或物品。

其他巅峰体验会使你产生一种脆弱感，比如突然受伤、生病，甚至分娩。想象自己正处于这样的时刻：

（1）呼吸并回忆一个脆弱的时刻。

（2）在这些时刻，身体向你展示其自身存在的力量。

你的身体不是一个标签。这些活动揭示了你的身体是一个敏感、深刻的存在。从出生的那一刻起，你就一直在自己的身体里体验快乐和痛苦。

练习接纳自己的身体。

此时你可以打开自己，通过身体而不是标签或某些部位来充分体验生活。

呼吸并关注心脏跳动。

说："我不会将身体看成负面的存在。"

呼吸并与你的"观察者"建立联系，那是你感知世界的纯粹能力。

说："我不会用受到的规训来看待自己的身体。"

呼吸，关注胸腔上提。

说："我不会以贬低自我的方式来看待自己的身体。"

通过"观察者"将自己与生活中的最佳体验联系起来。即使身体携带着一生的伤痕和战斗痕迹，你也可以体验到身体是完好无损的，它本来就是完整的。

静静地坐一会儿，让意识贯穿全身。

体验深刻的觉知

你可以发挥深刻的觉知，只需要一定的练习。每天练习将身心视作一个整体。冥想练习会帮助你意识到自己正在逃避某种内心状态，或者正在执着于某种状态，冥想练习也会帮助你回归本位。

你的深刻觉知
意识到你是当下坚不可摧的存在

| 视言语为虚无 | 严格遵循 6 个步骤的练习 | 重新认识身体的美好 |

逃避：避免产生情绪或拥有不好的想法和经历。与当下的自我切断联系

执着：始终保持快乐，必须保持积极的状态，不能让坏事发生。与当下的自我切断联系

第 3 部分

找到爱与友谊的"入口"：
在社交情境中提升力量

> 爱与被爱是我们最深的渴望，也是我们最大的挑战。

事实上，如果你细细看去，就会发现那个充斥着物质和广告的世界并不是真正的生活。生活是其余的东西，是你把所有这些玩意儿扯掉（或至少暂时无视）之后剩下的东西。生活的意义在于爱你的人。没有谁会为了一部苹果手机活着，手机另一端连接的人才重要。一旦我们开始复原，重新找到生命的意义，我们会长出一双全新的眼睛。我们会看得更清晰，开始察觉到过去无法察觉的东西。

——《活下去的理由》（*Reasons to Stay Alive*），马特·海格（Matt Haig）著 [1]

现在我们来到了生活的核心：社交联结。与你联结的人，以及你所关心的人，都会成为快乐与意义的最大来源。我们想强调这一点的原因是，巩固社交圈对我们很重要。

我们称这一部分为"社交力量"，拥有这种力量意味着你能够获得友谊、创造爱并建立牢固的关系，同时能够穿越由痛苦的经历、社交冲突，以及与他人相处的难题所形成的黑暗境地。之所以在最后一部分探讨这个问题，是因为我们知道你需要与更加强大的社会群体共同成长。作为一个人，我们很难做到与世隔绝。孤独会伴随失落、焦虑、悲伤的情绪和一系列健康问题[2]。社交冲突伴随着社交困境，并影响你在事业上的成就[3]。你可能会遇到很多难题，我们大多数人都是如此，因为我们几乎没有学习过社交智慧。想一想，你花了多年的时间接受正规教育，在工作中学习，但你学习了哪些课程来提升你的人际交往能力呢？你在自己的工作领域可能是专家，但如果没有其他人的支持，你的专业能力也会变得无关紧要。最严重的社交问题源自不知道该做什么，或是继续摸索并重复同样的错误，或是没有尝试新的社交策略。即使困难重重，我们也要继续努力，改善自己的社交环境，下面的章节便可以提供帮助。加入我们的旅程吧，提高你的社交力量，建立强大的社交联盟、牢固的友谊和亲密关系。

第 10 章　形成灵活的社交风格

取悦所有人，你将失去他人的尊重；对他人品头论足和不屑一顾，你将失去友谊。寻求中庸之道，在避免受伤的渴望与建立信任关系的需要之间寻求平衡。

　　如果你不得不在一座无人岛上生活，你会带什么？你会带自己最喜欢的物品，还是自己最爱的人？这是一个很简单的选择，对吧？你会带上自己最爱的人。这个答案会让我们想到一个核心悖论。我们认为人的重要性超越了世界上的任何东西，但我们与人的相处却非常困难。想想你和其他人相处时经历过的各种麻烦：与家人的争吵、关系的结束、同事的背刺——不计其数。为什么人际关系如此重要，却又如此难处理呢？

　　原因之一是我们会将自己的过去带入现在的关系中。我们会感觉现在的关系与过去的关系一样。例如，如果你曾遭受虐待，就可能很难信任新认识的朋友，并回避他们。我们都有旧的应对方式，这不是你的错。通常，这些旧的应对方式会影响，甚至决定你在人际关系中的行为方式。有时，你最终得到的结果与自己想要的结果相反。例如，你希望与他人建立联系，结果却发现自己戒备且谨慎，这也导致你与他人切断了联系。这些模式会一直持续，因为你并未意识到它们的存在。

本章将帮助你确定自己的社交模式，并了解它们对你的人际关系产生了哪些影响。然后，我们会讨论如何形成一种灵活的社交风格，既可以拉近与他人的距离，又可以与他人保持一定的距离，而这取决于哪些东西能在你的生活中具有社交价值。

社交风格

家庭生活会影响你的社交风格[1]。让我们进行一个练习，反思你的家族历史以及你所形成的社交风格。慢慢来，用心思考。在思考每个问题时，你可以将本书放在一边。不必着急。

确定你的社交风格

（1）回忆自己 8 岁到 12 岁的经历（如果你不记得这个阶段的事情，可以回忆年龄稍大时的事情）。为了唤醒你对这段时期的感受，你可以先回忆一下小学的老师，再看看自己能否想起儿时的朋友。

（2）描述家中亲人或你成长过程中家庭的样子。

住在那里的感觉如何？你还能想象出那种感受吗？

（3）现在，留意你在家中或与那些家人住在一起时的感受。你是否感到焦虑？家人是喜怒无常，还是对你漠不关心？他们是情绪紧张，经常大喊大叫，还是寡言少语，情绪克制？

（4）当你感到伤心、愤怒或焦虑的时候，父母或养育者做了什么？他们是否指导你，并告诉你该如何处理这些感受？他们会让你闭嘴，还是对你不闻不问？

（5）你会向谁寻求情感支持，对方会如何回应？例如，如果感到恐惧，你会向谁求助，他会怎么做？

（6）这些经历对你现在的人际关系造成了哪些影响？

早年的生活关系会影响你的人际关系模式，并在成年后的人际关系中发挥重要作用[2]。通常人们会形成四种模式[3]。仔细阅读下面的每一个描述，同时思考自己日常的人际交往模式是否符合如下描述。你可能会发现，自己兼具多种风格的特点。

（1）安全型。我发现自己很容易与他人亲近，而且我很喜欢他们对我的依赖。我值得支持与爱，我愿意与他人建立互相信任的关系。

（2）焦虑型。我经常寻求他人的保证。我知道与另一个人建立亲密关系的意义，但我担心我对他们的关心会胜过他们对我的关心。

（3）回避型。我担心别人会贬低我、伤害我，或滥用我的信任。我避免与他人距离太近，以免自己受伤。

（4）冷漠型。我不信任别人，我认为他们都不可靠。我只追求独立和自给自足。

如果你是焦虑型，你会担心自己的人际互动，会仔细检查并确保自己的亲密关系没有问题，确保他们不会对你不满。在这个过程中，你可能会忽视自己的需求和自我关照。如果你是回避型，可能会将自己封闭起来，从而避免遇到这些问题，这样一来，你就不会受到伤害，但由于缺乏共享，你的人际关系可能会错失真诚与开放。如果你是冷漠型，你会选择走开，试图保持独立和自给自足。焦虑、回避、冷漠都是僵化的社交风格，有时会阻碍你建立牢固的关系和真实的联结。

本书的目标是帮助你提升心理灵活性。在人际关系方面，更倾向于以安全型的风格行事。也就是说，你会讨论和分享，持不同的观点，并且相信自己可以拥有可信赖的、亲密的关系。你也有足够的信心结束一段无意义的关系。如果你现在还做不到这一点，请不要担心。我们都在不断努力。

为了帮助你了解这些风格在生活中的表现，我们分享一个来自约瑟夫的故事，希望能帮助你了解这些风格是如何重复出现的。对于一些读者来说，这可能是一个悲惨的童年故事，也可能会触发你的回忆。如果需要，你可以启动"观察者"技能，停下来，深呼吸。我们与你在一起。

我的父亲憎恨我。他给我的感觉就是这样。就像他曾对我说的那样，我是他的负担。他根本不想要我。据说我的母亲欺骗了他，他不得已才将我留下。母亲离开家后，我成了父亲无法摆脱的累赘。如果不是我，他可以与自己爱的人在一起，或者找一份好工作，或者更早地完成大学学业。我做的每一件事似乎都让他愤怒。

记得在我 12 岁的时候，父亲正在大学学习心理学。我之所以知道这一点，是因为当时他经常对我进行智力测试。

有一天，他对我说："说出一种肉食。"

他看上去非常愤怒，令人害怕。我听到了这个问题，可大脑却一片空白。

"快点，你怎么回事？"他提高了嗓门。

我呆呆地坐着。

最后我说："肥皂。"

"肥皂？"他咆哮起来，"肥皂是肉吗？那你现在就去浴室，把肥皂吃掉。现在就去！快去！"

　　我记得自己站在马桶旁边啃肥皂，然后我的脑海中涌现出一些词：热狗、汉堡包、牛排。我已经知道答案了。可是刚才我的大脑为什么一片空白？

　　恐惧最终转化成了愤怒。我默默地想：我恨他，终有一天，我会离开他。我才不在乎他怎么想。

　　今天，我明白了自己的模式，我对父亲感到愤怒，并且选择无视他：他是敌人。

　　到了20岁的时候，有一天，我开车送约会对象去一家餐馆，并试图给她留下好印象，但因为我过于紧张，很快就在一条漆黑的马路上迷了路。我将车停在路边，想查看一下地图。对方看上去如坐针毡。这是我们的第一次约会，她还不了解我。她越来越紧张，我意识到她想结束约会。我无法再专注地查阅地图。然后，我不知从哪里冒出了一个想法：在她抛弃你之前，先将她抛弃。

　　于是我脱口而出："我想你确实不了解我。我可能是个连环杀手。"与一个陌生人坐在一辆车里，而车停在漆黑的路边，我说出了最不合时宜的一句话。

　　她礼貌地笑了笑，眼睛却睁大了，"你能送我回家吗？"

　　当我开车送她回家时，我对自己说："我又搞砸了。"那个一直存在的问题又来了：我还能找到一个爱我的人吗？

　　如今我意识到，自己在当时选择了无视她，就像我曾对父亲做的那样。

约瑟夫已经形成一种冷漠型依恋风格，从而保护自己不因父亲的辱骂而受伤害。在孩提时代，这种方式可以发挥一定的作用，但到了青年时期，就不再有帮助。他的冷漠风格阻碍了自己拥有获得爱情和建立友谊的能力。多年来，约瑟夫一直努力改变自己的风格，并建立更加安全的风格。虽然他还无法摆脱过去形成的习惯，每当感到有压力的时候，他仍然不自觉地以冷漠示人，但他已经学会了观察这种冲动，而不是凭本能做出反应。没有立刻无视他人的做法获得了更多与他人建立真正联系的机会。

你在人生早期形成的习惯是否已经悄悄地深入内心，使你做出不符合自身意愿的反应？你是否总是反复表现出焦虑、回避或冷漠的人际交往风格，即使它们阻碍你实现目标？例如，假设你曾被一个恋爱对象深深地伤害，或许你们结束了这段关系，你想开始一段新的恋情，但因为不想再受伤害，所以你决定保护自己。从那时起，你隐藏自己的情绪，保持警惕，认为每一段新关系都是危险的。如果放松警惕，人人都会伤害你。这样一来，你将永远无法接近任何人，永远无法建立安全的关系。在这个例子中，你的社交风格会阻碍你与他人建立真正的联系。

让暂停成为一种习惯

寄居蟹只有离开现在的螺壳，才能去寻找一个更大的壳来作为自己的家。当它离开这个螺壳时，它失去了保护，变得柔软而脆弱，你认为它会感到恐惧吗？它是否会在壳里犹豫不决？然后又是新的一天。当然，这个外壳令它不舒服，但感觉很安全。以往的社交风格可能像寄居蟹的外壳一样。你很熟悉它，但它可能已经不适合你。为了逐渐改变社交风格，你需要练习新的应对方式，直到它们成为你的"新家"，一个新的栖居地。

看清了自己的模式以后，你可以通过打断自己来学习新的应对方式。你的目标是有意识地做出回应，而不是无意识地反应。你需要练习放慢自己的速度，创造空间，从而形成与他人互动的新方式，建立你想要的联系。打破原有的模式，关键不是停止感受和克制冲动，而是利用"观察者"，正视这些感受和冲动，不凭本能对它们做出任何反应。你需要将暂停作为一种习惯。我们使用"习惯"这个词来提醒你，这个过程是需要练习的。处于争论最激烈的时候，你难免会习惯性地做出反应：也许是无视、争论或寻求保证，总之是你熟悉的东西。做出反应之后，你会意识到，自己的行为造成了你最不想看到的结果——联系中断和失望。

现在你可以培养自己的新习惯了。

练习暂停

在与他人交往的时刻，尽量避免立即做出反应。先暂停，深吸一口气。注意你想用旧方式进行回应的冲动。在日常互动中这样做几次。在联结的时刻停下来，并进行观察，你可以更加自由地调整你的回应方式。给自己一个呼吸的时间，创造可以改变自己的机会。

在不同的时刻练习暂停

为了具备在困难时刻暂停的能力，你可以尝试这个练习。慢慢来，沉浸在体验中。

（1）想一想你希望和谁有更近一步的关系。回忆与他们在一起的感觉，你喜欢的相处方式是什么样的。

（2）现在，回忆你们出现分歧的时刻。回想一个特定的事件。慢慢来，沉浸在回忆中。

（3）现在，从"观察者"的角度来审视自己。退后一步，你可以看到自己与对方意见相左。感受你想以旧方式反应的冲动。你急切地想做什么？你想获得保证并缓和矛盾（焦虑型）？你想将自己从当下抽离，因为它令人痛苦（回避型）？还是无视他们且拒不承认（冷漠型）？也许是这些特点的混合。

（4）问问自己，在与自己在意的人相处时，是否经常发生这种情况。你是否对这种冲动感到熟悉？尽量不要责怪自己，相反，提醒自己，你正在练习觉知。

做好准备后，请尝试在一个紧张的时刻进行练习。暂停。观察自己做出回应的冲动。在这里发挥内观的能力也会有所帮助：观察放在地上的双脚，如果需要，你可以动一动自己的脚趾。尝试观察外在环境，也许你会意识到周围的声音。

接下来，启动"建议者"，让它来提醒你新的自我约束方法。尝试对自己说："退后一步，慢下来。"

然后观察自己的呼吸。注意身体是否出现了不平衡的状态，例如我们在第5章中描述的状态。如果你发现自己压力过大，或者进入封闭状态，请暂时离开，让自己重新恢复平衡。

如果你需要更多的练习，请重温前几章的策略，特别是关于"观察者"、脆弱的自我和关怀自我的策略。

选择价值驱动的行动

对自己习惯的风格按下暂停键以后，你需要准备去接受新事物。启用你的"价值引导者"，这也许是人际关系中最重要的部分。通常你需要从两个角度考虑价值：你在关系中的价值与自我照顾的价值。你需要维持二者的平衡。下面我们将详细阐述这两个方面。

在关系中的价值

问问自己，在这段关系中，你看重什么？建立这段关系或维护这段关系是否有价值？

如果答案是肯定的，那么请思考，遭遇困难时，你希望自己成为什么样的人。你想获得支持吗？你想建立亲密关系吗？你是否希望与他人建立联结？

接下来，问问自己，在艰难的时刻，你所采取的行动是否符合自己的价值。如果不是，这说明你需要做出改变，尝试更加符合价值的应对方式。请注意，这并不是想消除你本能的冲动，每个人都不可能在短时间内改掉一个习惯，因此你的第一反应应该是停下来，进行观察。

思考不同的应对方式。如何以新的或不同的方式做出回应，从而实现联结的目标？你可以尝试与习惯模式相反的应对方式，例如，如果你总是下意识地为自己辩护，那么现在你可以选择倾听和等待。尝试站在对方的角度，站在他们的角度，去理解他们的立场，以及你们共有的价值。你可以尝试敞开心扉并保持平衡，例如，如果你意识到自己正在承受压力，试着用这段关系中的共同价值来提醒自己，并通过共同价值建立联系。最后，你可以多争取一些时间进行反思，过后再复盘这个问题。当你用这种方式进行思考时，你会产生符合自身价值和实际情况的想法。你的目标是采取新的行动，并检验它能否巩固关系，而不是重蹈覆辙，导致联系中断与失望。给自己一些时间，选择一个有助于实现联结目标的行动。

自我照顾的价值

每一段关系都需要在你的需求与对方需求之间维持平衡。如果只考虑自己，你会显得很自私，无法与他人建立亲密的联系。如果只为别人着想，你可能会受到伤害，被别人当成出气筒。要实现平衡，你需要同时关注自己与对方的价值。

关于如何重视自己或他人，并没有固定的规则，相反，你需要灵活应对。有时你会把别人放在首位，有时你需要把自己放在首位，有时你需要平衡自己和对方的需求。灵活意味着你要使自己和他人之间的跷跷板保持平衡，不断上下调整。你需要避免极端情况，即一直将自己的需求放在最后，或者始终把自己放在首位。当你的需求和价值始终被放在最后，或根本不予考虑时，便是一个危险的信号。例如，如果有人非常自恋，他会忽略你的需求。这时你需要做的是保护并照顾自己，而不是维持平衡。

灵活意味着即使困难重重，你仍然坚持维护一段良好的关系。重视自我照顾，意味着你相信自己，并且你知道，当一段关系不再有价值时，你需要把自己放在首位。

形成灵活的社交风格

通过以下步骤，巩固你的人际关系。

形成灵活的社交风格

意识到自己常用的社交风格

在采取"常用"的应对方式之前，先让自己停下来

选择能够维持自己与他人平衡的价值驱动行动

过度暴露：
试图取悦所有人，让每一个人都喜欢自己

过度保护：
拒绝任何人，或者拒绝亲密关系

第 11 章　让爱与友谊丰富你的生命

献出同理心，你将收获爱的温暖。

塔莉娅一边将电话放在耳边，一边给自己倒了一杯酒，她希望朋友能接听电话。

听筒中传来三声，四声，五声等待音。

"喂，嘿，塔莉娅，怎么了？"金热情地接起电话。

"嗨，"塔莉娅说，"没事……我只是打个招呼。"

金感觉到有些不对劲。"我没事"意味着已经严重到"如果非要聊这件事的话，我会哭出来"的程度。

塔莉娅聊了聊日常生活、工作日的午餐，还有社交媒体上的新闻。金一直顺着她聊，尽管她很想知道塔莉娅究竟遇到了什么事。

几分钟后，金想：也许现在我可以问了。

"怎么了，塔莉娅？"金问道，"你听起来很不安。"

塔莉娅终于敞开了心扉。她谈起了自己的老板和在工作上的压力，她现在感觉自己就要垮了。自始至终，金都在倾听，配合她的语气，跟随她的感受，想象自己也处在那样的情况下。

"太糟糕了，"金说，"真是糟透了。我真希望你没有经历过这些事。"

塔莉娅点了点头。

"我会一直在你身边，塔莉娅，"金说，"你随时都可以给我打电话。"

"我知道。谢谢。"

塔莉娅明白金无法解决自己的问题，但确定朋友会一直陪在身边，这让她感到欣慰。她挂断了电话，友谊的温暖包裹着她。塔莉娅感觉自己变得更加强大了。

爱是一种黏合剂，它将你的幸福与他人的幸福联系在一起。塔莉娅和金体现了朋友之爱，当一个人感到痛苦时，另一个人会挺身而出。表现出同理心、立足当下，重视这段关系，你可以通过这种方式建立爱与联系。在本章中，我们会讨论如何发展滋养型的关系。你将学习同理心的表现技巧，建立和发展真正的联系与爱。金知道如何倾听并提供温暖且富有同理心的回应。她能够理解朋友需要的是支持，而不是建议，也不是试图替塔莉娅解决问题。

我们将描述两组行为，它们展示了你对亲人的支持力度以及与亲人联结的程度。我们还会讨论如何在亲密关系中照顾自己。你可能会做一些事情来加强联结，比如与对方共情，你也可能做出一些事情来破坏联结，比如试图始终保持正确。有时你会在同一天做出上述两种行为。我们会阐述如何维持前一种行为，避免后一种行为。投入其中，你们的关系将蓬勃发展。你所爱的人便能感受到被保护、被支持，作为回报，你也会得到爱，并建立联结。

与他人的联结是你的生命线

你为爱而生。当你凝视一个年幼孩子的眼睛时，会产生照顾他并保护其安全的冲动，此时，你受到自然力量的影响。进化过程驱使一个物种去寻求生存所需的东西，而人类生存所需要的是其他人类。婴儿时期，我们十分弱小，无法独自寻找食物、住处和庇护所，因此我们适应了相互依赖。与他人的联结已经根植于我们的细胞深处。联结中断会使我们感到痛苦。如果有人排斥我们，大脑会表现出与受到物理伤害时相同的神经活动模式 [1]。让一对恩爱的情侣手牵手，并对其中一人实施电击，受到电击的痛苦程度则会降低 [2]。在这对牵手情侣的大脑中，镜像系统与大脑的痛苦中枢连接，使他们能够感受到彼此的痛苦。

如果长期孤身一人，我们的寿命可能会缩短。一个纵向研究以几位成年男性为对象，跟踪了他们从 19 岁到 90 多岁的发展过程 [3]。无论是出身于富裕家庭还是贫寒家庭，他们的幸福感始终与一个因素有关——良好的人际关系。名望、财富和成功并没有提升他们的幸福感，幸福源自与家人、朋友和社会团体的深度联结。如果没有人际关系，孤独感会成为导致过早死亡的主要因素，其危险程度等同于肥胖、吸烟和空气污染[4]。

文学、诗歌及美术作品从未忽视人际关系的力量，但科学和经济学却忽视了这一点。现代社会对其他一切事情的重视程度都超过对人际关系的关注。在受教育的过程中，人们一直告诉你，成绩和知识最重要。即使在今天，你的工作环境可能也在给你施压，要求你发展品牌，争取晋升，提升技能，却对你的社交需求毫不关心。现代技术可以使你像机器一样独自在工作站里几乎不间断地工作。广告告诉你，你需要靠这些产品来证明自己的地位和价值。你被教导要珍惜一切，除了爱。然而，没有爱和信任，人生就失去了意义。

财富和物质对你的幸福感影响不大[5]。相反，社交联结会影响你的幸福感、活跃度，以及对希望、悲伤或压力的感受[6]。正如伟大的诗人约翰·邓恩（John Donne）所说，没有人是一座孤岛。如果你的周围都是充满活力且快乐的人，那么你也会感到活力满满，幸福快乐。仿佛你与他们进行了能量传递。你是一个更大整体（即你和你身边的人）的一部分。

巩固你的联结

巩固联结离不开同理心。它是设身处地为他人着想的能力。这种能力可以帮助你建立并维持支持性的关系[7]，为其他人提供及时的帮助[8]，促进群体间的合作[9]。

同理心是一种能够体现社交智慧的能力，但很少有人会直接学习它。你可能还会对此产生误解，认为有同理心意味着要接受他人的请求，或者给予他人关怀，或者向他人分享你的经验。很多时候，我们会认为人人都能具备这种能力。因此，学校不会教授这种能力，我们也不会教夫妇如何培养这种能力，除非他们前来接受治疗。没有人会把它当成建立友谊的关键因素传授给年轻人。

下面，我们将阐述如何增强你的同理心。同理心有两个不同的方面：温暖的同理心和认知同理心。接下来我们将从这两个方面进行学习。

温暖的同理心

从感受开始。看到某人所承受的痛苦，并与之分担痛苦，这可能是最有效的做法。把这种做法想象成玩游戏，你的任务则是接住"同理心之球"，将它抱在怀里。对方正面临困难，所以他们会将痛苦抛给你来获得帮助——你的任务是接住他们的痛苦，但不再抛回去。换句话说，暂时不要向对方分享你的知识或经验。了解正在发生的事情，尝试倾听他们的心声。现在要以对方为主，稍后才轮到你。

当意识到同理心可能有诸多益处后，你可以尝试以下行动：

（1）暂停。意识到对方正在被某些事情困扰，或者对方想向你倾诉一些事。

（2）倾听。在对方向你讲述发生在他身上的事情时，用心倾听并提供社交支持，例如点头和眼神交流。用耳朵而不是嘴巴倾听，不要打断对方，也不要用你的"建议者"去解决问题。

（3）感同身受。如果你处在他那样的情况下，你会怎么办？你的立场是怎样的？如果可以的话，你甚至可以稍微模仿对方，从而切身体验他的经历。例如，如果对方跌倒了，你也可以让自己摔一跤，让自己置身于同一空间中。

（4）感知。感知对方的呼吸。他是平静的，还是处于心跳加速的状态？

（5）想象。试着想象当你身处对方位置上时的感受。

认知同理心

以温暖、包容的同理之心认真倾听对方的诉说后，你可以开始使用认知同理心。你需要从认知上理解对方的经历，让"建议者"参与进来，并站在对方的角度思考。这个过程的步骤如下。

（1）提出澄清性问题：请再告诉我一些。那对你来说是什么感觉？你希望得到什么？

（2）确认你是否充分了解对方的经历：我是否还需要了解更多信息？

（3）确认并发自内心地表达：只有掌握了对方的所有信息，你才能进行分享。发自内心地表达，并在适当或必要的情况下分享你的观点。用你与对方的共同价值来提醒自己。你可以问自己：“怎样才能确认他的感受，并向他表明我很在乎？”

（4）解决问题或做出评价：只在他们提出这种要求时才这样做。

先确认对方的需求。你想让我帮你解决这个问题，还是想听一听我的意见？

通过这些共情的行为，社交圈中的朋友在你面前可能会获得被倾听、被支持和安心的感觉。付出同理心似乎需要花费很长时间，但可能并没有让所爱的人感到被忽视，并陷入争论或痛苦那样困难。有时，你能给予一个人的最好礼物便是理解并接纳他所经历的事。

破坏你的联结

有时你可能会感到付出同理心太难了。接下来，我们将提出一些问题，并帮助你找到解决这些问题的方法。我们要关注两个最重要的问题：不必解决问题和错过某人需要支持的信号。

不必解决问题

解决问题是你的"建议者"最强大的能力之一，但在人际关系中，这种行为可能会给你带来麻烦。人们讨厌被解答。

假如你正独自行驶在荒无人烟的道路上，你的汽车发出了异响，此时你可以利用"建议者"来解决问题。汽车是不是过热？我应该继续行驶吗？是否应该叫人来接我？你很快就会找到解决问题的方法。汽车是一种实物，所以直接解决它的问题即可。

现在，如果你在人际关系中做出同样的举动，往往会破坏联结。身边有些人喜怒无常，行为冲动或任性，或者难以准确地表达自己。你是否用解决问题的方式让"建议者"来控制情况？你是否会将自己的想法告诉对方，从而为他提供"帮助"？还是盘问他究竟出了什么问题？告诉他你有解决方案？这些都无济于事，是时候让你的"建议者"休息了。

相较汽车，一个人更像一棵美丽的古橡树。你不会将一棵高大的古树拉直。你只会坐在它的树荫下，或欣赏它的美丽。这样一来，你便会看到风化的树干，理解它所经历的风霜。人也一样。尝试去欣赏他们的优点，同时理解并接纳他们的情绪。

不要忽视他们给出的线索

想象一个疲惫又易怒的四岁孩子。他说："我想把三明治切成三角形，而不是正方形。我讨厌你。"然后他躺在地上开始发脾气。这时你可能会意识到他的怒气并非针对三明治。孩子不需要你解决问题或做出解释。发脾气暗示了他需要情感帮助。如果你知道这一点，就可以去安抚他，向他表达爱，并在他内心翻涌起强烈情感的时候使他不受伤害。

成年人也会发出信号，请求亲人的关注，只是这种信号常常被忽视。问问自己，当你感到压力、不知所措或情绪激动时，你会直截了当地向朋友或亲人倾诉，还是发出一些间接的信号？也许你会变得烦躁，挑起争端，或者沉默不语。当你爱的人产生情绪化的表达时，首先要思考对方是否在向你寻求帮助。也许你听到的是："帮我做一次家务能对你能造成什么损失？"但对方真正想说的是："我觉得自己没有受到重视。你在乎我吗？"当身边的人提出情感上的诉求时，请以此为契机，尝试通过上面的两个步骤来表现你的同理心。

保持自我联结

有时候发挥同理心是很困难的，因为你感到有人冤枉了你，或者与他人共情太费力。你最亲密的联结却常常成为你生命中最艰难的部分。在这些情况下，你能做什么？虽然看起来可能很矛盾，但你需要做的第一件事是：关注自己的价值和情绪反应，而不是只关注对方想要什么。

先选择价值

是什么阻碍了联结、友谊或爱？这个问题的答案可能有很多，包括悲伤、焦虑、受伤或羞耻等情绪。多数情况下，造成阻碍的是脆弱和恐惧。建立联结需要先放松警惕，敞开胸怀，在生活中展现脆弱。你需要放下防备。

你的文化水平、学识和经历可能会为你增添障碍。如果你曾遭到他人的羞辱或伤害，可能会对信任和联结产生怀疑。如果你有社交焦虑，可能会认为自己没有良好的社交技巧。当这些疑虑将你淹没的时候，"建议者"会视友谊为隐患。问问自己，如果与别人保持距离，你将付出什么代价？然后，走向你的价值，倾听内心的渴望，跟随自己的心。

不要把每件事都放在心上

有时亲人可能会烦躁、缺乏耐心或沮丧，但这不是他们的错，也不是你的错。练习上述移情的步骤，了解你的情绪触发因素。如果对方所说的话给你带来了压力或强烈的情绪，那你可能无法与他们共情，甚至无法倾听他们的诉说。在这种情况下，你需要尽可能与对方分开一段时间。尽量不要逼迫你所爱的人。让他们知道，你需要处理自己的感受，然后再回到他们身边。例如，你可以说："对不起，我现在很难听进去。明天再谈好吗？我只是需要一些时间。"争取一些时间来思考你在这段关系中的感受和价值。信守承诺，并遵循你提出的条件。

维护联结而不是区分对错

其他人可能会让你心烦意乱，触发你的防御机制。你会想：他们错了。他们应该听听我的意见。你会产生一种冲动，想要捍卫自己的正确想法。许多"建议者"都喜欢这样的战斗——赢得争论能够让自己更强大，但它会破坏联结。求胜意味着你把同理心放在一边，用言语进攻和防守。你们的关系破裂将成为取胜的代价。但你可以选择。问问自己，你是想证明自己是对的，还是想维护你们之间的关系？如果是后者，那么你可以停下来，如果需要的话，也可以给自己一些时间，先练习共情。你是否足够关心这个人，愿意将对错先放在一边呢？

学会放手

最后请记住，即使你在人际关系中游刃有余，也有可能无法解决一些人际关系问题。身边的人是否经常伤害你？这是一个危险信号。你可能需要重新衡量这些关系。如果在与他人共情后，你感到被伤害或践踏，请留意自己的伤痛。也许此时你需要将自我照顾放在首位。回归本能，观察内在和外在，以自我照顾的价值为驱动。如果觉得自己总是把对方放在首位，或者缺乏安全感，那么你可能需要寻求专业帮助。有些人会操纵你的同理心，从而达到利用你的目的。善良、共情能力和尊重是一种力量。不要让别人将它变成弱点，借此伤害或支配你。

巩固联结

下面是增进亲密关系的步骤。尝试先利用温暖的同理心，然后再让"建议者"出场。明确自己想为他人解决问题的意图，并通过换位思考和确认共同价值来恢复平衡。另外，请记住，你也有自己的需求，因此必须在重视他人与自我照顾之间建立平衡。

让爱与友谊丰富你的生命

与他人的联结是通往幸福的生命线

两个步骤：先运用温暖的同理心，再运用认知同理心换位思考　　将共同价值放在首位。学会放手

解决问题对他人无益：
解决他人的问题、错过他们发出的信号、区分对错、把所有事都放在心上

自我牺牲对他人无益：
忽视自我价值和自我照顾、让别人伤害你

第 12 章　解决与人相处的难题

如果你想摆脱社交中的困境，就需要专注于有效的策略，而不是让人感觉良好的策略。向人们证明你是正确的，批评他们，让他们难堪，可能会让你感觉良好，但也会将潜在的盟友变成敌人。

"他人即地狱"，这是由让-保罗·萨特（Jean-Paul Sartre）创作的戏剧作品《紧闭》（*No Exit*）中的经典台词[1]，但他所谓的地狱，并非指除自己以外的所有人，而是那些自私、残忍或不道德的人。或许你认识这类人，他们经常被当成麻烦人物。路易丝对此很有发言权，下面是他的故事。

我常常怀疑自己是否是一块吸引冲突的磁铁。在我曾经工作的地方，有一个天天穿着海军蓝西装的男人，他带着20世纪60年代的公文包，给人一种温文尔雅的感觉。然而他会给所有的女职员带来麻烦，扔东西，谎报数据，并搜集各种对工作人员不利的证据。女职员们对他抱怨不断，但年长的男性职员却不以为意，他们说："你们在发动舆论迫害。"这种情况对我造成了严重的个人伤害：它使我整夜失眠，还毁掉了我的家庭生活，最终导致我筋疲力尽。我辞职了。换了一份工作。

然而，我的女领导则喜欢让员工们互相对立。有一天，她要求我购买期货产品，当天稍晚一些的时候，她又告诉另一位同事，她会因为我购买了期货产品而解雇我。

路易丝不知该如何应对这些难题。我们大多数人对此也没有头绪。本章将帮助你改变这种状况。

无论你热衷于社交，还是将自己视为内向的人，你都会在与人相处的过程中遇到问题。这些"社交麻烦人物"会出现在职场、社区中，可悲的是，他们有时还会出现在你的家庭中。大概没有人教过你如何应对与他人相处的种种难题。接下来，我们将帮助你认识到你所面临的问题，并提供解决冲突的新方法。

为什么我们总是责备自己

让我们回到萨特的戏剧《禁闭》，因为它很好地说明了生活中与他人相处的困难之处。该剧的主角是三个不讨人喜欢的家伙：加尔散、伊内丝和艾丝黛尔。三人都有不堪的历史。加尔散是个懦夫，对妻子不忠；伊内丝从心理上折磨一位女性，最终逼迫她自杀；艾丝黛尔将自己的孩子从酒店的阳台扔进海里。这三人死后都被投入了地狱。地狱被描绘成一个没有窗户也没有出口的房间。每个角色无时不被另外两个人用鄙夷的目光审视，直到永远。对他们来说，他人的厌恶就是地狱，对我们每个人来说也是如此。

想想你的工作场所或社交环境，似乎总有人批评你或欺负你。当他们在批评你时，你会感觉不适，可能会认为这是你的错，至少在短时间内是这样。这是一种下意识的行为。人类是群居动物，当感到社会压力时，就会迅速产生内疚或羞耻等情感。这些感觉没有错，它们可以帮助你确认自己的社会地位，并重新回到群体中，当人类生活在以狩猎采集为生的小村庄时，这些感觉可能会发挥良好的作用。但职场不像小村庄那样互惠，职场中没有狼。这意味着，如果有人严厉地批评你，你可能会花一点时间来责备自己。你无法真正使自己免受伤害——即使你知道他们的判断是错误的，即使拥有高自尊和支持自己的朋友，你也依然可能感到受伤 [2]。

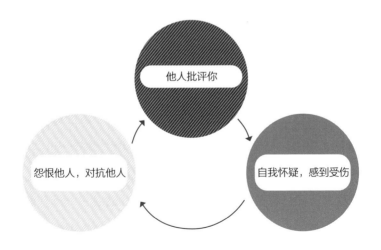

评价或欺凌也会引发恶性循环。这个循环可能是这样的：他们批评你——你感到受伤和愤怒——你批评他们并对抗他们——这又导致他们进一步批评你。如果你已陷入这个循环，现在是时候做出改变了。

了解你所面临的困难

管理冲突的第一步是了解自己面临的困难。诚实地对待自己。是他们的问题，还是你的问题？这个人真的很难相处吗？请记住，其他人有自己的需求，他们不会总考虑你的最大利益。你是否会因为对方的需求与你的需求不同而与其产生冲突？你需要理解，人们有时会把自己的需求放在首位。试着在给予和获得之间建立合理的平衡关系。

如果你已经尝试平衡自己与他人的需求，但冲突仍然存在，那么对方可能是一个难以相处的人。有数据表明，与他人相处困难是我们生活中的普遍现象[3]。我们很难判断什么行为代表了对方是一个难以相处的人。有些人会表现得自私、咄咄逼人，或者试图操纵他人，其行为超越了可接受的范围，但我们未必总能轻易识别出来。这里有一些值得参考的方法。

自私行为

自私表现为一个人总是无视你想要或需要的东西。自私的人总是如此。具体的表现可能是为了实现他们的目的利用你、贬低你、支配你，或者总是把他们的利益放在你的利益之上。

攻击行为

攻击行为表现为一个人试图伤害你或反复（即不止一次）伤害你的感情。攻击性的外在表现十分微妙，所以我们需要对四种类型的攻击行为进行分析。

直接攻击往往非常明显。他会因你的宗教、性别、种族或其他特征，而对你进行身体或言语攻击，取笑、侮辱，或贬低你。

被动攻击是指一个人试图间接伤害你，而不是公开与你产生冲突。比如貌似恭维实则挖苦，暗中破坏你的努力成果，扮演受害者，拒绝与你交流，生闷气和阴阳怪气地讽刺。

社交攻击是指在你背后说三道四，并组成小团体来反对你。

网络攻击是指试图通过各类社交媒体（如聊天室、论坛、网站和电子邮件）来伤害你。互联网为人们提供了更多攻击、仇恨和批评他人的机会。其中包括"引战"这种被动攻击行为，例如不断发表带有负面情绪的评论，试图操纵人们的看法，制造焦虑，或不同意你发表的任何内容。

操纵行为

操纵行为的表现是操纵者指责他人，歪曲事实，联合众人反对你，并从他们自身的利益出发，以牺牲你为代价来改变事态。这些行为可能很隐蔽，因为善于操纵他人的人往往看起来很有魅力。然而，他们会篡改事实，混淆发生的事情，从而达到操纵你的目的。他们可能会通过将自己变成受害者的方式来自保。他们会让你觉得一切都是你的错。你可能认识一些擅长使用操纵手段的人，比如自恋者。这类人在家庭和工作环境中并不少见。[4]

确定自己的常用策略

对于这些与人相处的难题，每个人都有自己常用的处理方法。你需要意识到自己常用的策略。当你找到自己常用的冲突处理策略，就能更好地评估其是否有效。你可能使用过无数个策略，但这里有一种简单的方法，可以将所有的应对策略分成四类，具体选择哪一类策略，取决于你想支持对方的需求，还是想阻止对方的行为，或者二者兼得，或是二者都不符合你的意愿。我们可以借助现实中的某一个问题来进行思考。回想最近你与一个麻烦人物之间发生的一些冲突。然后阅读以下四种策略，看看你是否过度使用了某一种策略。

策略一：忽视或逃避

这种策略包括假装无事发生、摆脱现状。有时这种策略是可行的，尤其是当其他策略会导致情况恶化的时候。有时最好的回应是不回应，让时间流逝，耐心等待。但是，在决定什么都不做或认为逃避是唯一的策略之前，请确保你已经思考了其他策略。

策略二：坚持自我

这种策略需要你保持自信，并专注于减少不必要的行为。你可以用这个策略在自己和他人之间设置严格的界限，以防止这种行为再次发生。当你不想与这个人成为朋友时，这样的策略会很有用。

如果你想通过维护自己的利益来阻止无益的行为，分级法往往最有效。先温柔地劝阻，如果对方无动于衷，再逐渐提高劝阻的力度。例如，如果有人总是在截止日期临近时将任务下发给你，而你怀疑他这样做就是为了伤害你，那么一开始你就可以礼貌并明确地说："请给我预留出能够完成工作的时间。"如果这种行为仍在继续，你可以强硬地说："临近截止日期时才将工作任务交给我，这样做毫无益处。下一次请注意。"如果对方的行为仍然没有改变，你可能需要用更强硬的表达方式："临近截止日期时才将工作任务分派给我，这么做不合适。如果不能早点把工作任务分派给我，那么我就需要和管理层讨论一下了。"值得注意的是，当你面临压力时，可能总想先动用最有力的策略。但这些策略通常会造成一些后果，比如使这个人成为永久的敌人。因此，使用能够影响他人的最小力度的策略即可。

策略三：支持对方

这种策略不太明显，你需要选择性地强化你希望对方所做的行为，以此取代你不希望对方做的行为。你可能需要确认对方的难处，说一些积极的话，或者强化你喜欢的行为。仍然以上文的截止日期为例，你可以这样说："上个星期你提前一周通知我相关工作安排，对此我非常感激。谢谢你如此周到。我想知道，我是否可以和你一起努力，继续按照这种方式完成每周的任务？"

策略四：支持对方，同时坚持自我

通过这种策略，你可以为对方提供支持，同时坚定而自信。在截止日期的例子中，你可以说："上个星期你提前一周通知我相关工作安排，对此我非常感激。谢谢你如此周到。但有几个星期我几乎没有收到工作安排的通知，这增加了我的工作压力。今后我希望你能提前一周告知我。"这似乎是最好的策略，但在某些情况下可能无效。例如，有些管理者会将负面反馈夹在正面反馈中。他们可能会这样说："我对你的工作表现的确很满意。但在最近这项任务上，你做得还不够好，需要改进。不过我依然欣赏你的工作能力。"

对一些职场人士来说，这种策略再熟悉不过了，他们将其命名为"便便三明治"（shit sandwich），因为夹在中间的评价非常糟糕。长此以往，每当管理者说一些正面评价时，他们都会感到不安，因为他们知道接下来就是负面评价。最重要的是，对任何策略都不要生搬硬套。灵活是关键。

很多情况下，你是否会不自觉地使用上述四种策略之一？例如，面对冲突，你总是讨好他人（策略三），还是与他人争论，试图掌握主导权（策略二）？还是不惜一切代价避免冲突（策略一）？也许你总是强化有益的行为，阻止无益的行为（策略四），但即便如此也有可能带来问题，因为有时候放手（策略一）可能是最好的方法。没有任何一种策略可以应对所有情况。关键是关注自己本能反应下所使用的策略，如果它不起作用，就暂停并尝试其他方法。

如何尝试新策略

尝试新策略需要完成两个步骤：暂停，然后选择有价值的行动。

暂停

如果你决定要尝试新策略，需要先中断使用自己常用的旧策略。留意自己想用常用策略快速解决问题的冲动。放慢速度，保持呼吸。体内的这种冲动是什么感觉？将关注点放在落地的双脚上。

面对冲突时，你可能会发现自己处于战斗或逃跑的模式，感到脆弱，容易受到压力的影响。你的身心会因此充满能量，渴望寻找出路。在这种情况下，你可能会急于做出反应。你产生了一种紧迫感，想赶快发送那封电子邮件，或直接与那个人对质。你的身体和大脑处于警觉状态，它们说："反击，然后赶快走开。现在，做点什么！"此时你反而需要停下来。

其实你有足够的时间来回应。因此，你需要放慢速度，对情况进行全面、准确的评估。接收的信息越多，考虑得越全面，你的应对就越有效。

在暂停的时候，利用价值来提醒自己。在这场冲突中你想如何行动？冷静、庄重、坚强、自信、高效？你希望达成什么目标？理想的结果是怎样的？

你可能想做一些使自己感觉良好的事情，但这些事情可能会使情况变得更加糟糕。例如，如果有人激怒了你，你想发一封电子邮件来反击。或者你会直接与他们面对面争论，让对方意识到自己的愚蠢，让他们摆正自己的身份。这可能会让你感觉不错，甚至在短时间内阻止他们的不必要行为。但是，这也可能使对方难堪。谨防道德和公众的攻击。对方可能会屈服，但他们不会忘记。他们可能会怨恨你，暗中搞破坏，并联合别人来反对你。如果你总是忍不住要采取那种让自己感到舒服、实际上毫无益处的策略，请先像上文所说的那样暂停一下。

你应对冲突的策略是以自己舒服为目的，还是以有效解决冲突为目的呢？

选择由价值驱动的行动

现在你已经学会了暂停，为尝试使用新策略提供了空间。下一个问题是，这种新策略或新的行为是什么？

没有一种策略能够解决一个人在某种情况下遇到的所有问题。人们可能会告诉你，要自信一点，但如果这种策略强化了对方对你的攻击，该怎么办？人们可能会告诉你，要表达自己的感受，但如果对方利用你的感受来伤害你，又该怎么办？你不需要严格遵循社交规则，你需要找到适合自己的社交策略，并有效应对自己面临的情况。是时候去探索了。

第一步：分析四种策略

第一步是慎重考虑所有的选项，即使是你的"建议者"认为没有用的选项。现在开始，设想一个社交困难的情境，想象依次使用这些策略来应对对方。

- 想象忽视或逃避这种情况。

- 想象坚持自我。

- 想象支持对方，并强化他的积极行为。

- 想象支持对方，同时坚持自我。

第二步：大胆行动

考虑了这几种策略以后，请确定你想尝试哪一种。你愿意为尝试这种策略而承受一定的痛苦吗？如果答案是肯定的，那么你可以进行尝试。如果答案是否定的，请寻求另一种策略，或者找一种不那么痛苦的方式来运用你喜欢的策略。

第三步：接受反馈

这个策略奏效了吗？你是否得到了想要的结果？如果没有，可能需要返回第一步，并尝试其他操作。

有两种具体的方法可以提高策略发挥作用的概率。首先，在可能的情况下，先表达信任。相信对方可以改变自己的行为。暂且相信他们，虽然结果往往会让你大吃一惊。然后，设法创造一个共同叙事。与其攻击对方，不如尝试寻找共同点。问问自己：我们都想要什么？然后再思考：如何通过共同努力得到它？

第四步：将冲突转化为支持

在解决具体冲突的时候，上述四种策略都很有帮助。有时你可以对一个人做出更深层次的改变，同时改变你们的关系，使你们相互支持而不是产生冲突。为此，我们需要关注你与对方的价值。

你知道身边的人看重什么吗？你能否站在他们的角度，了解哪些事物对他们至关重要？站在别人的角度看问题，可能会令你感到痛苦，你可能会因此心生抵触。但是，了解他们的立场，有助于你做好准备，有效地回应对方。你可以假设对方的动机来自以下三种需求之一[5]：

为了获得掌控感。

为了证明自己有能力。

为了感受到作为一个人被重视、被接纳。

假设一位同事经常不公正地评判你的工作，你可以问自己，对方的动机是什么？他批评你，是因为他需要获得掌控感和力量感吗？还是因为你的能力对他构成威胁，因此在你身边，他需要感受到自己是有能力的？试着去推测他的需求，然后通过尝试不同的方法来满足他的需求，从而将冲突转化为合作。虽然这看起来违反直觉，可能也违背了你最初的冲动，但满足对方潜在的需求，可能会使对方做出更符合你期望的行为。

让我们看一个例子。假设你怀疑某个难以相处的人渴望确认自己能力出众，那么你可以在他做得很好的时候赞扬他的能力，满足他在能力上被认可的需求，然后观察接下来会发生什么。他看起来是不是十分高兴或满足？他是否停止了对你的批评？如果答案是肯定的，那说明你对其动机的判断是正确的。如果答案是否定的，那你需要尝试使用另一种策略。

总结来说，做法就是不断尝试并观察其结果。我们并不是建议你始终支持他人、满足对方的需求，但如果能在不抑制自身需求的情况下做到这一点，那么你不妨试一试。

如果上述方法都行不通呢

如果你尝试使用了所有策略，但结果均以失败告终，那么解决方案可能就只有离开或逃避了。打破循环。虽然你可能会面临一种不幸的情况，即被迫与一个麻烦人物相处，且无法逃避。这种人可能出现在你的工作场所、社交圈和你所生活的社区中，有时甚至会出现在你的家里。

因此我们必须提醒你：如果你要与一个令自己感到不安、对你造成伤害，或将你置于危险之中的人相处，千万不要独自应对这个麻烦人物。首先要做的是寻求帮助。本书所讨论的策略有助于解决与其他人（如同事）相处时遇到的难题，但如果是与施虐的伴侣相处或类似的高风险情况则完全不同。此时，请务必寻求帮助。提醒自己，寻求帮助不是软弱的表现，而是一种力量。

尝试用新方法解决问题

当你在与人相处的过程中遇到困难时，请练习使用下面总结的策略。尝试不同的方法，获得每种方法的效果反馈。

解决与人相处的难题

暂停，思考你与这段关系的价值

探索多种策略，尝试新方法，积极接受反馈，寻求帮助

尝试将冲突转化为合作

过于迎合他人：
不考虑自己的需求，屈服于对方的需求，没有限制或界限

过于咄咄逼人：
试图说服对方，与其争论，咄咄逼人，或攻击他人

第 13 章　乐观面对世界的变化

我们不能回避这场灾难，因为我们根本"无路可退"。地球上没有容我们逃避的地方。只有直面危机，我们才能勇敢行动，创造希望。

　　作为一本以"改变"为主题的书，如果不谈到当今人类面临的最大变革，那必然是一种疏忽。目前，世界的各个层面都面临着前所未有的变化：个人、社会、政治、经济和环境。在本书中，我们一直鼓励你接纳痛苦和变化。你已经看到，只有直面问题才能创造一条通向希望的道路，而逃避只会让你陷入更深的挣扎和绝望之中。人类擅长解决问题，但我们无法解决自己拒绝看到的问题。现在，我们应当去靠近而不是远离这个不断变化的世界。

　　科学研究告诉我们：全球科学家已经达成共识，地球正在迅速变暖，且变暖速度超过了数据预测 [1]。动植物正面临第六次大规模灭绝。海洋正在酸化，冰川正在融化。这些变化将带来极端天气现象、水资源短缺、火灾、荒漠化、农作物歉收和粮食短缺等问题。让我们先暂时只考虑其中一个变化：联合国预测，到 2025 年，世界上三分之二的人口将面临水资源短

缺问题 [2]。我们需要充分理解这个数据，注意它的规模，再看看它将要发生的年份。你是否感到心中一沉？但是，如果我们无视这个数据，就会伤害到自己、子孙后代，以及所有生物的健康和福祉。气候危机正在向我们袭来。

世界发生了人们不愿看到的变化。2020 年，新冠疫情使全球陷入了困境。有些人失去了亲人，长期患病、失业、经济困难并且居家隔离，这在一年前是不可想象的。我们眼睁睁地看着自己与亲人分离，渴望再次与他们相拥。我们的生活中出现了空白。我们封闭了养老院和医院的重症监护室（ICU），即使亲人在里面去世，我们也不得相见。没有人预见到这种情况，正如其他变化那样，它也让我们别无选择，只能适应。

当代人类历史上的最大挑战就在这里，就是现在。

本章篇幅较短，它将告诉你如何运用 DNA-V 技能来获得希望，找到目标，应对这些困难。每位读者在观点、知识储备、能力和行动意愿方面都各不相同。有差异是正常的。无论是做一个默默种植蔬菜的农夫，还是做一个为公众发声的名人，都不可耻。唯一要感到羞愧的是无动于衷。我们必须诚实地看待危机，思考自己可以采取的措施，改变这个世界。我们在这里并不提供具体建议，比如告诉你不要坐飞机或开汽车，这些具体的建议留给其他专家来提。在这里，我们要探讨你的DNA-V 技能，一个基于行为科学的系统，它可以帮助你应对危机，获得希望。你可以帮助自己的孩子、家人和我们所在的世界。这一切都取决于你和我。直面这种变化是一个痛苦的过程，但它是我们生存的唯一机会。

发挥"观察者"的能力，正视我们的痛苦

负面情绪不像外部威胁。当你触碰到一个火烫的热炉时，你会立刻收回手。在这种情况下，躲避是有用的。许多文化对待负面情绪也遵循相同的逻辑——如果它会对你造成伤害，就让它停止，阻止它，关闭它，远离痛苦的根源。但是，接纳承诺疗法的应用研究一再表明，应对情绪问题的方法与之相反[3]。即使逃避负面情绪，如悲伤、焦虑和愤怒，这些情绪也不会消失。逃避那些不可避免的危机所带来的情绪问题，就像在"泰坦尼克号"沉没时拉小提琴，并不能扭转结局。

还有另一种方法，即运用你的"观察者"能力，允许自己产生情绪，而不是阻止情绪出现。将痛苦转变为目标。如果逃避危机，我们会变得更加痛苦。我们会把所有的时间都花在争论、否认和互相斗争上，结果反而忽略了问题。相反，如果正视共同的痛苦，就能意识到我们应当同舟共济。团结才能有希望。不闻不问可能会使我们在短时间内远离痛苦，但问题不会消失。我们要倾听问题。我们知道痛苦是可怕的，它可能让你流泪，让你心痛，但它也会促使我们采取一些行动。

采用"建议者"的观点

在引言章节中，我们列出了人们抵制变化的五个原因。现在我们回到这个问题上来，看看你的"建议者"会如何应对危机。

第一，在不知情或未经训练的情况下，"建议者"会引导你摆脱眼前的痛苦。它可能会建议你远离恐惧和不确定性，保持一贯的生活方式，假装什么都没有发生变化。你可能会回避看新闻，转而看情景喜剧，或者更糟的是，在社交媒体或反科学的信息茧房中寻找安慰。人类文明也曾因拒绝改变而消亡。我们当今的文明也并不能幸免。

第二，你的"建议者"可能会建议你离开，因为你认为自身能力不足。例如，你可能会对自己说，我一个人能做什么？应该由政府来解决这个问题。我们的"建议者"很容易忽视个人领导团队所拥有的变革力量。比如罗莎·帕克斯（Rosa Parks），她只是一位拒绝给白人男性让座的美国黑人女性，最终却成为美国民权运动的催化剂。

第三，我们不喜欢被控制的感觉。例如，当集体建议你做出改变时，比如乘坐公共交通工具、不吃肉食或者戴口罩，你的"建议者"可能会非常固执，认为其他人无权告诉你如何生活。我们可能会反对公共卫生政策，从而感觉自己掌控一切，哪怕我们已经失去了对地球的控制。

第四，你的"建议者"会告诉你，改变非常困难，非常费力。改变自己的行为，从污染者转变为保护环境的消费者，这个过程或许很艰难，但从长远来看，一味地逃避只会带来灾难性的后果。

第五，也是最困难的一点，"建议者"会告诉你，你的消极预测是正确的。大难临头，一切都为时已晚。你可能会认为，一切都没有希望了。

与其习惯性地依赖"建议者"，不如发挥它的能力，寻找摆脱困境的方法。当你感到绝望时，提醒自己，你的"建议者"不善于预测未来。你可以这样想：回想几年前，当时你认为 2022 年会是什么样子？在 2004 年脸书（Facebook，已更名为元宇宙）问世的时候，在 2007 年《哈利·波特》系列（*Harry Potter*）最后一部出版的时候，或者在 2008 年美国第一位黑人总统当选的时候，你能预测到新冠疫情吗？我们已经解释过，"建议者"的任务是预测威胁并关注负面因素。如果你现在倾听"建议者"的话，它可能会说，我们这艘船势必要沉没。你会感受到强烈的情绪，也许是绝望、愤怒或沮丧。因此你所采取的行动也许就是放弃。像没有明天一样生活：见鬼去吧，尽情跳舞吧。但正是因为"建议者"的错误预测才给了你希望，因为它的负面预测可能都是错误的。

如果运用得当，"建议者"仍然是最强大的问题解决帮手。现在，世界各地有远见的人都开始正视自己的痛苦，并利用"建议者"的超能力来寻找解决方案。我们可以解决许多问题，但前提是正视问题，接受新技术 [4]。在许多情况下，我们需要的技术已经被发明出来了 [5]。我们可以利用海洋创造海藻林，从而吸收大气中的碳。我们喜爱的科技产品可以使用可再生能源，这样我们既能使用汽车和电脑，又能将化石燃料保存于地下。无人机可以帮助人们快速种植数百万棵树木，并重新造林。经济学家提供了新的经济范式，例如"甜甜圈经济学"，从而有助于实现平等与共享 [6]。这样的例子还有很多。你看，如果你让"建议者"去寻找解决方案，而不是封闭和回避一切，那它也能表现出远见卓识。我们都需要拯救世界。只有集体行动才有希望。无所作为，便毫无希望。

通过新行动启用你的"探索者"

面对危机时，你可能会退缩到安全和熟悉的地方。还记得那个习惯区域吗？关掉新闻，做一些能给你带来安慰的事情。改变和接受可能引起不适的新行为是很困难的。你可能会变得被动，也许想停止阅读这一章，因为它令人抗拒。你可能会封闭自己、断开与外界的联系，逃避问题。但你需要知道：当你身处险境时，"探索者"是一个了不起的盟友。

行动带来希望，而新行动源自探索发现。保持好奇心，不断探索，踏入未知领域，迈出一小步。这是一个开始——微小却大胆的行动。数十亿人采取一些小行动，合在一起就是大行动。科学研究表明，小行动有大益处。例如，给予他人帮助能有效缓解人们的抑郁情绪，它对给予者和受助者都有益[7]。志愿服务有助于慈善事业的发展，同时，也能帮你树立目标。[8]迈出第一步可能需要付出巨大的努力，但你将从中获得动力。

当你采取行动时，就会感到更加有希望。对于地球健康这类最关键的问题，首先就是采取行动，即使它很微小。也许你可以种植花草，参加碳中和飞行公益项目，或者每周少吃几天肉。我们知道，微小的变化本身并不能阻止气候变化：我们无法仅靠循环利用来拯救地球，但这些行动可以帮助你开启这一进程。为什么它们很重要？因为行为科学告诉我们，迈出第一步，我们才能采取更多行动。你首先需要做的是开始行动。

参考文献

引言

1　L. L. Hayes and J. Ciarrochi, *The Thriving Adolescent: Using Acceptance and Commitment Therapy and Positive Psychology to Help Teens Manage Emotions, Achieve Goals, and Build Connection* (Oakland, CA: New Harbinger, 2015).

2　L. N. Landy, R. L. Schneider, and J. J. Arch, "Acceptance and Commitment Therapy for the Treatment of Anxiety Disorders: A Concise Review," *Current Opinion in Psychology* 2 (2015): 70–74.

E. B. Lee, W. An, M. E. Levin, and M. P. Twohig, "An Initial Meta-Analysis of Acceptance and Commitment Therapy for Treating Substance Use Disorders," *Drug Alcohol Dependence* 155 (2015): 1–7.

M. E. Levin, M. J. Hildebrandt, J. Lillis, and S. C. Hayes, "The Impact of Treatment Components Suggested by the Psychological Flexibility Model: A Meta-Analysis of Laboratory-Based Component Studies," *Behavior Therapy* 43 (2012): 741–756.

S. C. Hayes, K. D. Strosahl, and K. G. Wilson, *Acceptance and Commitment Therapy, Second Edition: The Process and Practice of Mindful Change* (New York: Guilford Press, 2016).

3　J. Ciarrochi, P. W. B. Atkins, L. L. Hayes, B. K. Sahdra, and P. Parker, "Contextual Positive Psychology: Policy Recommendations for Implementing Positive Psychology into Schools," *Frontiers in*

Psychology 7 (2016): 1561.

T. B. Kashdan and J. Ciarrochi, *Mindfulness, Acceptance, and Positive Psychology: The Seven Foundations of Well-Being* (Oakland, CA: Context Press, 2013).

4 J. Ciarrochi, S. Hayes, L. Hayes, B. Sahdra, M. Ferrari, K. Yap, S. Hofmann (in press), "From Package to Process: An Evidence-Based Approach to Processes of Change in Psychotherapy," in S. Hofmann (ed.), *Comprehensive Clinical Psychology: Foundations*. Elsevier.

5 L. O. Fjorback, M. Arendt, E. Ornbøl, P. Fink, and H. Walach, "Mindfulness-Based Stress Reduction and Mindfulness-Based Cognitive Therapy: A Systematic Review of Randomized Controlled Trials," *Acta Psychiatrica Scandinavica* 124 (2011): 102–119.

6 R. M. Ryan and E. L. Deci, *Self-Determination Theory: Basic Psychological Needs in Motivation, Development, and Wellness* (New York: Guilford Press, 2017).

7 M. D. Ainsworth, M. Blehar, E. Waters, and S. Wall, *Patterns of Attachment: A Psychological Study of the Strange Situation* (Hillsdale, NJ: Erlbaum, 1978).

8 S. C. Hayes, S. G. Hofmann, and J. Ciarrochi, "A Process-Based Approach to Psychological Diagnosis and Treatment: The Conceptual and Treatment Utility of an Extended Evolutionary Meta Model," *Clinical Psychology Review* 82 (2020): 101908.

第 1 章

1 G. Basarkod, B. K. Sahdra, N. Hooper, and J. Ciarrochi, *The Six Ways*

to Well-Being (6W-WeB): Assessing the Frequency of and Motivation for Six Behaviours Linked to Well-Being, PsyArXiv (September 30, 2019), doi:10.31234/osf.io/jtcng.

2　G. L. Cohen and D. K. Sherman, "The Psychology of Change: Self-Affirmation and Social Psychological Intervention," *Annual Review of Psychology* 65 (2014): 333–371.

3　J. A. Chase, et al., "Values Are Not Just Goals: Online ACT-Based Values Training Adds to Goal Setting in Improving Undergraduate College Student Performance," *Journal of Contextual Behavioral Science* 2 (2013): 79–84.

4　B. M. Smith, et al., "The Influence of a Personal Values Intervention on Cold Pressor-Induced Distress Tolerance," *Behavior Modification* 43 (2019): 688–710.

5　E. R. Hebert, M. K. Flynn, K. G. Wilson, and K. K. Kellum, "Values Intervention as an Establishing Operation for Approach in the Presence of Aversive Stimuli," *Journal of Contextual Behavioral Science* 20 (2021): 144–154.

第 2 章

1　N. Torneke, *Learning RFT: An Introduction to Relational Frame Theory and Its Clinical Application* (Oakland, CA: New Harbinger Publications, 2010).

2　Torneke, *Learning RFT*.

3　R. F. Baumeister, E. Bratslavsky, C. Finkenauer, and K. D. Vohs, "Bad Is Stronger Than Good," *Review of General Psychology* 5 (2001):

323–370.

4   Torneke, *Learning RFT*.

5   Baumeister, *Bad Is Stronger Than Good*.

6   R. Brockman, J. Ciarrochi, P. Parker, and T. Kashdan, "Emotion Regulation Strategies in Daily Life: Mindfulness, Cognitive Reappraisal and Emotion Suppression," *Cognitive Behaviour Therapy* 46 (2017): 91–113.

7   S. C. Hayes, K. G. Wilson, E. V. Gifford, V. M. Follette, and K. Strosahl, "Experiential Avoidance and Behavioral Disorders: A Functional Dimensional Approach to Diagnosis and Treatment," *Journal of Clinical and Consulting Psychology* 64 (1996): 1152–1168.

8   D. A. Assaz, B. Roche, J. W. Kanter, and C. K. B. Oshiro, "Cognitive Defusion in Acceptance and Commitment Therapy: What Are the Basic Processes of Change?" *Psychological Record* 68 (2018): 405–418.

第 3 章

1   A. Ortony, G. Clore, and A. Collins, *The Cognitive Structure of Emotion* (Cambridge, UK: Cambridge University Press, 1988).

B. L. Fredrickson and M. F. Losada, "Positive Affect and the Complex Dynamics of Human Flourishing," *American Psychologist* 60 (2005): 678–686.

2   T. B. Kashdan, V. Barrios, J. P. Forsyth, and M. F. Steger, "Experiential Avoidance as a Generalized Psychological Vulnerability: Comparisons with Coping and Emotion Regulation Strategies," *Behaviour Research and Therapy* 44 (2006): 1301–1320.

T. B. Kashdan, et al., "A Contextual Approach to Experiential Avoidance and Social Anxiety: Evidence from an Experimental Interaction and Daily Interactions of People with Social Anxiety Disorder," *Emotion* 14 (2014): 769–781.

3   P. Cuijpers, E. Karyotaki, L. de Wit, and D. D. Ebert, "The Effects of Fifteen Evidence-Supported Therapies for Adult Depression: A Meta-Analytic Review," *Psychotherapy Research* 30 (2020): 279–293.

4   B. Brown, *Daring Greatly: How the Courage to Be Vulnerable Transforms the Way We Live, Love, Parent, and Lead* (New York: Penguin, 2015).

5   Cuijpers, "The Effects of Fifteen Evidence-Supported Therapies for Adult Depression."

Brown, *Daring Greatly*.

6   K. Sanada, et al., "Effects of Mindfulness-Based Interventions on Salivary Cortisol in Healthy Adults: A Meta-Analytical Review," *Frontiers in Physiology* 7 (2016): 471.

L. O. Fjorback, M. Arendt, E. Ornbøl, P. Fink, and H. Walach, "Mindfulness-Based Stress Reduction and Mindfulness-Based Cognitive Therapy: A Systematic Review of Randomized Controlled Trials," *Acta Psychiatrica Scandinavica* 124 (2011): 102–119.

E. Malcoun, "Unpacking Mindfulness: Psychological Processes Underlying the Health Benefits of a Mindfulness-Based Stress Reduction Program" (PhD diss., Bryn Mawr College, 2008).

7   J. Ciarrochi, P. C. L. Heaven, and S. Supavadeeprasit, "The Link Between Emotion Identification Skills and Socio-Emotional Functioning

in Early Adolescence: A 1-Year Longitudinal Study," *Journal of Adolescence* 31 (2008): 565–582.

J. B. Torre and M. D. Lieberman, "Putting Feelings into Words: Affect Labeling as Implicit Emotion Regulation," *Emotion Review* 10 (2018): 116–124.

8   Sanada, "Effects of Mindfulness-Based Interventions on Salivary Cortisol in Healthy Adults."

Fjorback, "Mindfulness-Based Stress Reduction and Mindfulness-Based Cognitive Therapy."

Malcoun, "Unpacking Mindfulness."

第 4 章

1   A. Gopnik, et al., "Changes in Cognitive Flexibility and Hypothesis Search Across Human Life History from Childhood to Adolescence to Adulthood," *Proceedings of the National Academy of Sciences of the USA* 114 (2017): 7892–7899.

2   Gopnik, "Changes in Cognitive Flexibility."

3   T. P. German and M. A. Defeyter, "Immunity to Functional Fixedness in Young Children," *Psychonomic Bulletin & Review* 7 (2000): 707–712.

4   D. J. Plebanek and V. M. Sloutsky, "Costs of Selective Attention: When Children Notice What Adults Miss," *Psychological Science* 28 (2017): 723–732.

V. M. Sloutsky and A. V. Fisher, "When Development and Learning Decrease Memory: Evidence Against Category-Based Induction in Children," *Psychological Science* 15 (2004): 553–558.

5　Gopnik, "Changes in Cognitive Flexibility."

6　S. McLoughlin, I. Tyndall, and A. Pereira, "Relational Operant Skills Training Increases Standardized Matrices Scores in Adolescents: A Stratified Active-Controlled Trial," *Journal of Behavioral Education* (2020), doi:10.1007/s10864-020-09399-x.

7　B.-Y. Li, Y. Wang, H.-D. Tang, and S.-D. Chen, "The Role of Cognitive Activity in Cognition Protection: From Bedside to Bench," *Translational Neurodegeneration* 6 (2017): 7.

8　E. L. Garland, et al., "Upward Spirals of Positive Emotions Counter Downward Spirals of Negativity: Insights from the Broaden-and-Build Theory and Affective Neuroscience on the Treatment of Emotion Dysfunctions and Deficits in Psychopathology," *Clinical Psychology Review* 30 (2010): 849–864.

第 5 章

1　C. Lewis, N. P. Roberts, M. Andrew, E. Starling, and J. I. Bisson, "Psychological Therapies for Post-Traumatic Stress Disorder in Adults: Systematic Review and Meta-Analysis," *European Journal of Psychotraumatology* 11 (2020): 1729633.

2　B. A. Van der Kolk, *The Body Keeps the Score: Brain, Mind, and Body in the Healing of Trauma* (New York: Penguin, 2015).

3　S. W. Porges, "The Polyvagal Theory: New Insights into Adaptive Reactions of the Autonomic Nervous System," *Cleveland Clinic Journal of Medicine* 76 Suppl 2 (2009): S86-90.

4　Porges, "The Polyvagal Theory."

K. Roelofs, "Freeze for Action: Neurobiological Mechanisms in Animal and Human Freezing," *Philosophical Transactions of the Royal Society of London, Series B, Biological Sciences* 372 (2017).

5   C. Schiweck, D. Piette, D. Berckmans, S. Claes, and E. Vrieze, "Heart Rate and High Frequency Heart Rate Variability During Stress as Biomarker for Clinical Depression: A Systematic Review," *Psychological Medicine* 49 (2019): 200–211.

6   Schiweck, "Heart Rate and High Frequency Heart Rate Variability."

J. F. Thayer, F. Ahs, M. Fredrikson, J. J. Sollers III, and T. D. Wager, "A Meta-Analysis of Heart Rate Variability and Neuroimaging Studies: Implications for Heart Rate Variability as a Marker of Stress and Health," *Neuroscience & Biobehavioral Reviews* 36 (2012): 747–756.

I. Grossmann, B. K. Sahdra, and J. Ciarrochi, "A Heart and a Mind: Self-Distancing Facilitates the Association Between Heart Rate Variability and Wise Reasoning," *Frontiers in Behavioral Neuroscience* 10 (2016): 68.

B. K. Sahdra, J. Ciarrochi, and P. D. Parker, "High-Frequency Heart Rate Variability Linked to Affiliation with a New Group," *PLoS One* 10 (2015): e0129583.

L. R. Wulsin, P. S. Horn, J. L. Perry, J. M. Massaro, and R. B. D'Agostino, "Autonomic Imbalance as a Predictor of Metabolic Risks, Cardiovascular Disease, Diabetes, and Mortality," *Journal of Clinical Endocrinology and Metabolism* 100 (2015): 2443–2448.

7   Kolacz, "Adversity History Predicts Self-Reported Autonomic Reactivity."

8 C. Benjet, et al., "The Epidemiology of Traumatic Event Exposure Worldwide: Results from the World Mental Health Survey Consortium," *Psychological Medicine* 46 (2016): 327–343.

9 H. Yaribeygi, Y. Panahi, H. Sahraei, T. P. Johnston, and A. Sahebkar, "The Impact of Stress on Body Function: A Review," *EXCLI Journal* 16 (2017): 1057–1072.

10 M. J. Poulin, et al., "Does a Helping Hand Mean a Heavy Heart? Helping Behavior and Well-Being Among Spouse Caregivers," *Psychology and Aging* 25 (2010): 108–117.

11 C. Schwartz, J. B. Meisenhelder, Y. Ma, and G. Reed, "Altruistic Social Interest Behaviors Are Associated with Better Mental Health," *Psychosomatic Medicine* 65 (2003): 778–785.

12 J. Ciarrochi, R. Harris, and A. Bailey, *The Weight Escape: Stop Fad Dieting, Start Losing Weight and Reshape Your Life Using Cutting-Edge Psychology* (London: Hachette UK, 2015).

J.-P. Chaput, et al., "Sleep Timing, Sleep Consistency, and Health in Adults: A Systematic Review," *Applied Physiology, Nutrition, and Metabolism* 45 (2020): S232–S247.

P. de Souto Barreto, Y. Rolland, B. Vellas, and M. Maltais, "Association of Long-term Exercise Training with Risk of Falls, Fractures, Hospitalizations, and Mortality in Older Adults: A Systematic Review and Meta-Analysis," *JAMA of Internal Medicine* 179 (2019): 394–405.

J. P. Campbell and J. E. Turner, "Debunking the Myth of Exercise-Induced Immune Suppression: Redefining the Impact of Exercise on Immunological Health Across the Life Span," *Frontiers in Immunology*

9 (2018): 648.

第 6 章

1   S. Cassidy, B. Roche, D. Colbert, I. Stewart, and I. M. Grey, "A Relational Frame Skills Training Intervention to Increase General Intelligence and Scholastic Aptitude," *Learning and Individual Differences* 47 (2016): 222–235.

D. Colbert, I. Tyndall, B. Roche, and S. Cassidy, "Can SMART Training Really Increase Intelligence? A Replication Study," *Journal of Behavioral Education* 27 (2018): 509–531.

2   M. Widmann, A. M. Nieß, and B. Munz, "Physical Exercise and Epigenetic Modifications in Skeletal Muscle," *Sports Medicine* 49 (2019): 509–523.

P. Kaliman, "Epigenetics and Meditation," *Current Opinion in Psychology* 28 (2019): 76–80.

E. Jablonka and M. Lamb, *Evolution in Four Dimensions: Genetic, Epigenetic, Behavioral, and Symbolic Variation in the History of Life* (Cambridge, MA: MIT Press, 2006).

3   J. Ciarrochi, P. Parker, T. B. Kashdan, P. C. L. Heaven, and E. Barkus, "Hope and Emotional Well-Being: A Six-Year Study to Distinguish Antecedents, Correlates, and Consequences," *Journal of Positive Psychology* 10 (2015): 520–532.

C. R. Snyder, S. T. Michael, and J. S. Cheavens, "Hope as a Psychotherapeutic Foundation of Common Factors, Placebos, and Expectancies," in *The Heart and Soul of Change: What Works in*

Therapy, vol. 462, ed. M. A. Hubble (Washington, DC: American Psychological Association, 1999), 179–200.

4　E. Miller, A. Rudman, N. Högman, and P. Gustavsson, "Mindset Interventions in Academic Settings: A Review," Karolinska Institutet, Report B (2016).

　　D. S. Yeager, et al., "A National Experiment Reveals Where a Growth Mindset Improves Achievement," *Nature* 573 (2019): 364–369.

　　D. S. Yeager and C. S. Dweck, "Mindsets That Promote Resilience: When Students Believe That Personal Characteristics Can Be Developed," *Educational Psychology* 47 (2012): 302–314.

5　L. Yu, S. Norton, and L. M. McCracken, "Change in 'Self-as-Context' ('Perspective-Taking') Occurs in Acceptance and Commitment Therapy for People with Chronic Pain and Is Associated with Improved Functioning," *Journal of Pain* 18 (2017): 664–672.

　　N. Carrasquillo and R. D. Zettle, "Comparing a Brief Self-as-Context Exercise to Control-Based and Attention Placebo Protocols for Coping with Induced Pain," *Psychological Record* 64 (2014): 659–669.

　　M. Foody, Y. Barnes-Holmes, D. Barnes-Holmes, L. Rai, and C. Luciano, "An Empirical Investigation of the Role of Self, Hierarchy, and Distinction in a Common Act Exercise," *Psychological Record* 65 (2015): 231–243.

6　C. M. Mueller and C. S. Dweck, "Praise for Intelligence Can Undermine Children's Motivation and Performance," *Journal of Personality and Social Psychology* 75 (1998): 33–52.

7　R. H. Smith, W. G. Parrott, E. F. Diener, R. H. Hoyle, and S. H. Kim,

"Dispositional Envy," *Personality and Social Psychology Bulletin* 25 (1999): 1007–1020.

8   J. C. Hutchinson, T. Sherman, N. Martinovic, and G. Tenenbaum, "The Effect of Manipulated Self-Efficacy on Perceived and Sustained Effort," *Journal of Applied Sport Psychology* 20 (2008): 457–472.

J. Ciarrochi, P. C. L. Heaven, and F. Davies, "The Impact of Hope, Self-Esteem, and Attributional Style on Adolescents' School Grades and Emotional Well-Being: A Longitudinal Study," *Journal of Research in Personality* 41 (2007): 1161–1178.

A. W. Blanchfield, J. Hardy, H. M. De Morree, W. Staiano, and S. M. Marcora, "Talking Yourself Out of Exhaustion: The Effects of Self-Talk on Endurance Performance," *Medicine & Science in Sports & Exercise* 46 (2014): 998–1007.

第 7 章

1   J. Montero-Marin, et al., "Self-Compassion and Cultural Values: A Cross-Cultural Study of Self-Compassion Using a Multitrait-Multimethod (MTMM) Analytical Procedure," *Frontiers in Psychology* 9 (2018): 2638.

2   P. Gilbert, K. McEwan, M. Matos, and A. Rivis, "Fears of Compassion: Development of Three Self-Report Measures," *Psychology and Psychotherapy* 84 (2011): 239–255.

3   J. A. Bailey, K. G. Hill, S. Oesterle, and J. D. Hawkins, "Parenting Practices and Problem Behavior Across Three Generations: Monitoring, Harsh Discipline, and Drug Use in the Intergenerational Transmission

of Externalizing Behavior," *Developmental Psychology* 45 (2009): 1214–1226.

K. E. Williams and J. Ciarrochi, "Perceived Parenting Styles and Values Development: A Longitudinal Study of Adolescents and Emerging Adults," *Journal of Research on Adolescence* 30 (2020): 541–558.

P. C. L. Heaven and J. Ciarrochi, "Parental Styles, Gender, and the Development of Hope and Self-Esteem," *European Journal of Personality* 22 (2008): 707–724.

4   S. L. Marshall, P. D. Parker, J. Ciarrochi, and P. C. L. Heaven, "Is Self-Esteem a Cause or Consequence of Social Support? A 4-Year Longitudinal Study," *Child Development* 85 (2014): 1275–1291.

5   M. R. Leary, E. B. Tate, C. E. Adams, A. B. Allen, and J. Hancock, "Self-Compassion and Reactions to Unpleasant Self-Relevant Events: The Implications of Treating Oneself Kindly," *Journal of Personality and Social Psychology* 92 (2007): 887–904.

J. G. Breines and S. Chen, "Self-Compassion Increases Self-Improvement Motivation," *Personality and Social Psychology Bulletin* 38 (2012): 1133–1143.

6   K. R. Merikangas, et al., "Lifetime Prevalence of Mental Disorders in U.S. Adolescents: Results from the National Comorbidity Survey Replication—Adolescent Supplement (NCS-A)," *Journal of the American Academy of Child and Adolescent Psychiatry* 49 (2010): 980–989.

H. Baumeister and M. Härter, "Prevalence of Mental Disorders Based on General Population Surveys," *Social Psychiatry and Psychiatric*

Epidemiology 42 (2007): 537–546.

7   A. Perkonigg, R. C. Kessler, S. Storz, and H. U. Wittchen, "Traumatic Events and Post-Traumatic Stress Disorder in the Community: Prevalence, Risk Factors and Comorbidity," *Acta Psychiatrica Scandinavica* 101 (2000): 46–59.

8   I. Chatziioannidis, F. G. Bascialla, P. Chatzivalsama, F. Vouzas, and G. Mitsiakos. "Prevalence, Causes and Mental Health Impact of Workplace Bullying in the Neonatal Intensive Care Unit Environment," *BMJ Open* 8, e018766 (2018): 329.

9   "Inequality, Poverty Rate," OECDiLibrary (2017), doi:10.1787/0fe1315d-en.

10   J. True, *Violence Against Women: What Everyone Needs to Know* (Oxford, UK: Oxford University Press, 2020).

11   R. Sheppard, F. P. Deane, and J. Ciarrochi, "Unmet Need for Professional Mental Health Care Among Adolescents with High Psychological Distress," *Australia and New Zealand Journal of Psychiatry* 52 (2018): 59–67.

D. Rickwood, F. P. Deane, C. J. Wilson, and J. Ciarrochi, "Young People's Help-Seeking for Mental Health Problems," *Australian e-Journal for the Advancement of Mental Health* 4 (2005): 218–251.

12   D. Azar, K. Ball, J. Salmon, and V. Cleland, "The Association Between Physical Activity and Depressive Symptoms in Young Women: A Review," *Mental Health and Physical Activity* 1 (2008): 82–88.

L. Christensen, "The Effect of Food Intake on Mood," *Clinical Nutrition* 20 (2001): 161–166.

M. Haack and J. M. Mullington, "Sustained Sleep Restriction Reduces Emotional and Physical Well-Being," *Pain* 119 (2005): 56–64.

T. Cullen, G. Thomas, A. J. Wadley, and T. Myers, "The Effects of a Single Night of Complete and Partial Sleep Deprivation on Physical and Cognitive Performance: A Bayesian Analysis," *Journal of Sports Sciences* 37 (2019): 2726–2734.

J. L. Etnier and Y.-K. Chang, "Exercise, Cognitive Function, and the Brain: Advancing Our Understanding of Complex Relationships," *Journal of Sport and Health Science* 8 (2019): 299–300.

第 8 章

1   C. D. Güss, H. Devore Edelstein, A. Badibanga, and S. Bartow, "Comparing Business Experts and Novices in Complex Problem Solving," *Journal of Intelligence* 5 (2017): 20.

H. L. Dreyfus, S. E. Dreyfus, and T. Athonasiou, "Five Steps from Novice to Expert," in *Mind Over Machine: The Power of Human Intuition and Expertise in the Era of the Computer* (New York: The Free Press, 1986), 16–51.

2   Y. A. Chang and D. M. Lane, "It Takes More Than Practice and Experience to Become a Chess Master: Evidence from a Child Prodigy and Adult Chess Players," *Journal of Expertise* 1 (2018): 6–34.

3   T. Farrington-Darby and J. R. Wilson, "The Nature of Expertise: A Review," *Applied Ergonomics* 37 (2006): 17–32.

K. A. Ericsson, R. T. Krampe, and C. Tesch-Römer, "The Role of Deliberate Practice in the Acquisition of Expert Performance,"

Psychological Review 100 (1993): 363–406.

4　L. Blaine Kyllo and D. M. Landers, "Goal Setting in Sport and Exercise: A Research Synthesis to Resolve the Controversy," *Journal of Sport and Exercise Psychology* 17 (1995): 117–137.

5　W. T. Gallwey, *The Inner Game of Tennis: The Ultimate Guide to the Mental Side of Peak Performance* (New York: Pan Macmillan, 2014).

6　A. Hatzigeorgiadis and S. J. H. Biddle, "Assessing Cognitive Interference in Sport: Development of the Thought Occurrence Questionnaire for Sport," *Anxiety, Stress and Coping* 13 (2000): 65–86.

7　M. Noetel, J. Ciarrochi, B. Van Zanden, and C. Lonsdale, "Mindfulness and Acceptance Approaches to Sporting Performance Enhancement: A Systematic Review," *International Review of Sport and Exercise Psychology* 12 (2019): 139–175.

A. T. Latinjak, A. Hatzigeorgiadis, N. Comoutos, and J. Hardy, "Speaking Clearly . . . 10 Years On: The Case for an Integrative Perspective of Self-Talk in Sport," *Sport, Exercise, and Performance Psychology* 8 (2019): 353–367.

A. Hatzigeorgiadis, "Assessing Cognitive Interference in Sport."

第 9 章

1　S. C. Hayes, K. D. Strosahl, and K. G. Wilson, *Acceptance and Commitment Therapy, Second Edition: The Process and Practice of Mindful Change* (New York: Guilford Press, 2016).

2　B. K. Hölzel, et al., "Mindfulness Practice Leads to Increases in Regional Brain Gray Matter Density," *Psychiatry Research* 191 (2011):

36–43.

T. Singer and V. Engert, "It Matters What You Practice: Differential Training Effects on Subjective Experience, Behavior, Brain and Body in the ReSource Project," *Current Opinion in Psychology* 28 (2019): 151–158.

第 3 部分

1   M. Haig, *Reasons to Stay Alive* (Edinburgh, UK: Canongate Books, 2016), 181–182.

2   J. Holt-Lunstad, T. B. Smith, M. Baker, T. Harris, and D. Stephenson, "Loneliness and Social Isolation as Risk Factors for Mortality: A Meta-Analytic Review," *Perspectives on Psychological Science* 10 (2015): 227–237.

3   A. M. Grant, *Give and Take: A Revolutionary Approach to Success* (New York: Penguin, 2013).

第 10 章

1   M. D. Ainsworth, M. Blehar, E. Waters, and S. Wall, *Patterns of Attachment: A Psychological Study of the Strange Situation* (Hillsdale, NJ: Erlbaum, 1978).

2   R. C. Fraley, "Attachment Stability from Infancy to Adulthood: Meta-Analysis and Dynamic Modeling of Developmental Mechanisms," *Personality and Social Psychology Review* 6 (2002): 123–151.

J. E. Opie, et al., "Early Childhood Attachment Stability and Change: A

Meta-Analysis," *Attachment & Human Development* (2020): 1–34.

K. Bartholomew, "Avoidance of Intimacy: An Attachment Perspective," *Journal of Social and Personal Relationships* 7 (1990): 147–178.

3   K. Bartholomew and L. M. Horowitz, "Attachment Styles Among Young Adults: A Test of a Four-Category Model," *Journal of Personality and Social Psychology* 61 (1991): 226–244.

第 11 章

1   M. D. Lieberman, *Social: Why Our Brains Are Wired to Connect* (Oxford, UK: Oxford University Press, 2013).

2   J. A. Coan, S. Kasle, A. Jackson, H. S. Schaefer, and R. J. Davidson, "Mutuality and the Social Regulation of Neural Threat Responding," *Attachment & Human Development* 15 (2013): 303–315.

3   G. E. Vaillant, "Natural History of Male Psychological Health: The Relation of Choice of Ego Mechanisms of Defense to Adult Adjustment," *Archives of General Psychiatry* 33 (1976): 535–545.

4   J. Holt-Lunstad, T. B. Smith, and J. B. Layton, "Social Relationships and Mortality Risk: A Meta-Analytic Review," *PLoS Medicine* 7 (2010): e1000316.

J. Holt-Lunstad, T. B. Smith, M. Baker, T. Harris, and D. Stephenson, "Loneliness and Social Isolation as Risk Factors for Mortality: A Meta-Analytic Review," *Perspectives on Psychological Science* 10 (2015): 227–237.

H. Dittmar, R. Bond, M. Hurst, and T. Kasser, "The Relationship Between Materialism and Personal Well-Being: A Meta-Analysis,"

Journal of Personality and Social Psychology 107 (2014): 879–924.

5   Dittmar, "The Relationship Between Materialism and Personal Well-Being."

P. Steel, V. Taras, K. Uggerslev, and F. Bosco, "The Happy Culture: A Theoretical, Meta-Analytic, and Empirical Review of the Relationship Between Culture and Wealth and Subjective Well-Being," *Personality and Social Psychology Review* 22 (2018): 128–169.

6   P. D. Parker, et al., "Hope, Friends, and Subjective Well-Being: A Social Network Approach to Peer Group Contextual Effects," *Child Development* 86 (2015): 642–650.

P. Chi, et al., "Well-Being Contagion in the Family: Transmission of Happiness and Distress Between Parents and Children," *Child Indicators Research* 12 (2019): 2189–2202.

T. Bastiampillai, S. Allison, and S. Chan, "Is Depression Contagious? The Importance of Social Networks and the Implications of Contagion Theory," *Australia and New Zealand Journal of Psychiatry* 47 (2013): 299–303.

D. Stück, H. T. Hallgrímsson, G. Ver Steeg, A. Epasto, and L. Foschini, "The Spread of Physical Activity Through Social Networks," *Proceedings of the 26th International Conference on World Wide Web* (2017): 519–528.

7   J. Ciarrochi, et al., "When Empathy Matters: The Role of Sex and Empathy in Close Friendships," *Journal of Personality* 85 (2017): 494–504.

E. C. J. Long, J. J. Angera, S. J. Carter, M. Nakamoto, and M. Kalso, "Understanding the One You Love: A Longitudinal Assessment of an

Empathy Training Program for Couples in Romantic Relationships," *Family Relations* 48 (1999): 235–242.

8 B. Sahdra, J. Ciarrochi, P. D. Parker, S. Marshall, and P. C. L. Heaven, "Empathy and Nonattachment Independently Predict Peer Nominations of Prosocial Behavior of Adolescents," *Frontiers in Psychology* 6 (2015): 263.

9 A. C. Rumble, P. A. M. Van Lange, and C. D. Parks, "The Benefits of Empathy: When Empathy May Sustain Cooperation in Social Dilemmas," *European Journal of Social Psychology* 40 (2010): 856–866.

第 12 章

1 J.-P. Sartre, *No Exit and Three Other Plays* (New York: Vintage Books, 1949).

2 K. D. Williams and S. A. Nida, "Ostracism: Consequences and Coping," *Current Directions in Psychological Science* 20 (2011): 71–75.

3 V. A. Ferreira, "Workplace Incivility: A Literature Review," *International Journal of Workplace Health Management* 13 (2020): 513–542.

A. Gewirtz-Meydan and R. Finzi-Dottan, "Narcissism and Relationship Satisfaction from a Dyadic Perspective: The Mediating Role of Psychological Aggression," *Marriage & Family Review* 54 (2018): 296–312.

4 N. J. S. Day, M. E. Bourke, M. L. Townsend, and B. F. S. Grenyer, "Pathological Narcissism: A Study of Burden on Partners and Family," *Journal of Personality Disorders* 34 (2020): 799–813.

A. Tokarev, A. R. Phillips, D. J. Hughes, and P. Irwing, "Leader Dark Traits, Workplace Bullying, and Employee Depression: Exploring Mediation and the Role of the Dark Core," *Journal of Abnormal Psychology* 126 (2017): 911–920.

5   R. M. Ryan and E. L. Deci, *Self-Determination Theory: Basic Psychological Needs in Motivation, Development, and Wellness* (New York: Guilford, 2017).

第 13 章

1   IPCC, *Climate Change 2021: The Physical Science Basis. Contribution of Working Group I to the Sixth Assessment Report of the Intergovernmental Panel on Climate Change* (Cambridge, UK: Cambridge University Press, 2021).

2   World Health Organization, et al., "International Decade for Action 'Water for Life,' 2005–2015," *Weekly Epidemiological Record* 80 (2005): 195–200.

3   M. E. Levin, M. J. Hildebrandt, J. Lillis, and S. C. Hayes, "The Impact of Treatment Components Suggested by the Psychological Flexibility Model: A Meta-Analysis of Laboratory-Based Component Studies," *Behavior Therapy* 43 (2012): 741–756.

4   P. Hawken, *Regeneration: Ending the Climate Crisis in One Generation* (London: Penguin UK, 2021).

5   D. Gameau, *2040: A Handbook for the Regeneration* (Sydney, AU: Pan Macmillan Australia, 2019).

6   K. Raworth, *Doughnut Economics: Seven Ways to Think Like a*

21st-Century Economist (White River Junction, VT: Chelsea Green Publishing, 2017).

7   M. A. Musick and J. Wilson, "Volunteering and Depression: The Role of Psychological and Social Resources in Different Age Groups," *Social Science & Medicine* 56 (2003): 259–269.

8   N. Morrow-Howell, S.-I. Hong, and F. Tang, "Who Benefits from Volunteering? Variations in Perceived Benefits," *Gerontologist* 49 (2009): 91–102.

致谢

致我的兄弟们，杰夫、伊恩和约翰，谢谢你们经常让我开怀大笑。

致杰克逊、达西和阿兰娜，感谢你们对家庭的照料。

致明玛，感谢那些有你陪伴的日子。

—— 路易丝·L.海斯

致格蕾丝、文森特和安，感谢你们为我的生活赋予活力和目标。

—— 约瑟夫·V.西阿若奇

致我的父母海伦与格雷厄姆。我的哥哥格兰特。约瑟夫、格蕾丝和文森特，你们是我的全世界，感谢你们的爱。

—— 安·贝利